BELLINI

GISELDA BELLINI

BELLINI
O PRIMEIRO CAPITÃO CAMPEÃO

1ª Edição
2015

São Paulo-SP
Brasil

Copyright © 2015 da autora

Todos os direitos desta edição reservados à
Prata Editora (Prata Editora e Distribuidora Ltda.)

Editor-Chefe: Eduardo Infante
Preparação e Revisão de Texto: Flávia Portellada
Projeto Gráfico: Julio Portellada
Diagramação: Estúdio Kenosis

Todas as fotos do livro fazem parte do acervo pessoal de Bellini e sua família.

ISBN: 978-85-86307-62-1

```
Dados Internacionais de Catalogação na Publicação (CIP)
      (Câmara Brasileira do Livro, SP, Brasil)

         Bellini, Giselda
            Bellini : o primeiro capitão campeão / Giselda
         Bellini. -- 1. ed. -- São Paulo : Prata Editora,
         2015.


            1. Bellini, Hideraldo Luis, 1930-2014
         2. Jogadores de futebol - Biografia 3. Jogadores
         de futebol - Brasil I. Título.




15-03279                              CDD-927.963340981
               Índices para catálogo sistemático:

            1. Brasil : Jogadores de futebol : Biografia
               927.963340981
```

Prata Editora e Distribuidora
www.prataeditora.com.br
facebook/prata editora

É PROIBIDA A REPRODUÇÃO

Todos os direitos reservados à editora, de acordo com a legislação em vigor. Proibida a reprodução total ou parcial desta obra, por qualquer meio de reprodução ou cópia, falada, escrita ou eletrônica, inclusive transformação em apostila, textos comerciais, publicação em websites etc., sem a autorização expressa e por escrito da editora. Os infratores estarão sujeitos às penalidades previstas na lei.

Impresso no Brasil/*Printed in Brasil*

Aos meus filhos Carla e Júnior, pelo incentivo e apoio durante toda a elaboração desta obra, especialmente pela a ajuda na seleção de fotos e pesquisa histórica, respectivamente.

Os maiores incentivadores para que eu escrevesse a história da vida do Bellini, foram os meus alunos do Colégio Sion, por mais de três décadas. Os meninos, porque gostavam da história do futebol, e as meninas, porque achavam linda a história do nosso romance.

Escrever este livro é um projeto antigo, no qual eu nunca deixei de pensar. Entretanto, com a correria do dia a dia e o grande volume de aulas que eu ministrava, o projeto acabava sempre adiado. Recentemente, consegui reduzir o número de aulas e, depois do falecimento do meu marido, passei a ter o tempo necessário para começar a escrever. Sempre que alguém perguntava ao Bellini sobre a possibilidade de uma biografia, ele dizia que, um dia, eu a escreveria... Parece que ele sempre soube o que iria acontecer.

SUMÁRIO

Prefácio – Édson Arantes do Nascimento – Pelé 13

Introdução 17

Capítulo 1: Itapira 21

Capítulo 2: De São João da Boa Vista para o Rio de Janeiro.................. 35

Capítulo 3: A Copa do Mundo de 1958..67

Capítulo 4: Namoro, noivado e casamento 89

Capítulo 5: A Copa do Mundo de 1962..111

Capítulo 6: A Copa do Mundo de 1966.. 125

Capítulo 7: De São Paulo a Curitiba 139

Capítulo 8: A vida depois do futebol profissional 159

Capítulo 9: A doença e os últimos anos 191

"
Bellini para mim é o símbolo máximo do futebol brasileiro... seu estilo durão e sua imagem de guerreiro me encantaram para sempre.
"

Erasmo Carlos
(Cantor e compositor)

PREFÁCIO

Édson Arantes do Nascimento

A vida é assim. Cheia de mistérios e surpresas. Pois não é que eu conheci o Bellini, herói de minhas fantasias futebolísticas infantis, jogando ao lado dele? Mais interessante ainda: eu jogando com a camisa do Vasco da Gama, em pleno Maracanã?

Sim, vou explicar. Em 1957, houve um acordo entre o Vasco da Gama e o Santos para jogar um torneio internacional que tinha o Flamengo, o Belenenses (de Portugal), o Dínamo (Iugoslávia) e o São Paulo. O combinado Santos/Vasco entrou em campo em 19 de junho para jogar contra o Belenenses.

Lembro bem, eu tinha apenas 16 anos e o Bellini tinha acabado de completar 27 anos. Ganhamos de 6 a 1. No final do jogo, o Bellini veio me cumprimentar com um abraço muito carinhoso por eu ter feito 3 gols na partida.

Foi um abraço de incentivo que guardo com saudade. Bellini no auge da carreira e eu começando minha vida profissional.

Um mês depois, em 7 de julho, lá estava eu de novo ao lado de Bellini para defender a Seleção Brasileira contra a Argentina, na disputa da Taça Roca. Depois veio a Copa do Mundo de 1958, na Suécia. Minha admiração por ele continuou e nossa amizade se consolidou.

Vale lembrar um outro momento. Se Bellini esteve do meu lado no primeiro jogo no Maracanã, no primeiro jogo pela Seleção e se fomos campeões do Mundo juntos na Suécia, em 1958, e no Chile, em 1962, não havia como ele ficar ausente também de minha despedida do futebol.

PREFÁCIO

Em 1º de outubro de 1977, na partida entre Cosmos e Santos, quando joguei profissionalmente pela última vez, quem estava no Giants Stadium de Nova York, entre os 75.646 expectadores? Meu convidado especial, Hideraldo Luiz Bellini. Sim, fiz questão da presença do meu antigo capitão, com quem tive a honra de jogar três Copas do Mundo e conquistar dois títulos mundiais.

Novamente me sinto honrado em estar aqui, ao lado de meu antigo capitão, para apresentar esta obra de Giselda Bellini, sua esposa. Giselda fez muito bem em deixar sua história ao lado de Bellini para a posteridade. Mesmo num outro Plano, sei que por este livro Bellini vai continuar levando seu exemplo de esportista, seus ensinamentos de professor das escolinhas de futebol e seu legado de líder e herói.

Bellini – o primeiro capitão campeão mostra para todos os fãs do futebol uma certeza que tenho comigo. Bellini não é apenas aquela imagem forte, linda, emocionante e histórica que conquistou o planeta ao erguer a Taça Jules Rimet na Copa do Mundo de 1958, em Estocolmo. Por este livro, vamos conhecer o cidadão, o homem de caráter, o amigo e o herói que, mesmo depois de nos deixar, continua se oferecendo aos brasileiros.

Nesse rastro de luz e doação, está o cérebro de Bellini nos laboratórios do Hospital das Clínicas de São Paulo para que a equipe do Dr. Ricardo Nitrini pesquise e busque a saúde de outras pessoas, sobretudo desportistas.

Depois de deixarmos o futebol profissional, nossas vidas tomaram rumos diferentes. Mas nossos reencontros eram sempre motivo de alegria e lembranças.

Bellini é apenas saudade. Mesmo tendo deixado um vazio imenso, dentro e fora de campo, este livro dá a oportunidade aos leitores de bater uma bola com a história de um líder. Oportunidade de relembrar, conhecer e aprender as lições deixadas por um ídolo.

Amigo leitor, prepare-se para se emocionar. Giselda Bellini conta a história de um brasileiro que amou sua profissão e fez, com sua arte, um Brasil mais feliz.

Bellini abraçando o jovem Pelé, no vestiário, antes de um dos jogos da Seleção Brasileira em 1958.

INTRODUÇÃO

A década de 1950 também é conhecida como "os anos dourados". Essa forma de referência àquele período não é por acaso. Era uma época bem diferente da atual, um tempo de romantismo e sonhos. Foi a década "leve" que sucedeu à década da Segunda Guerra Mundial; um tempo de celebração do presente e de olhar para o futuro com muitas esperanças.

Para os brasileiros, a esperança também podia ser traduzida pelo desejo de ver a sua seleção de futebol sagrar-se campeã do mundo, o que aconteceu em uma tarde nublada na cidade de Estocolmo, na Suécia. O Brasil ainda tremia pelo fantasma da Copa de 1950, quando a seleção perdeu a final para o Uruguai, em pleno Maracanã. Entretanto, em 1958, duas copas depois, tudo seria diferente. Uma vitória indiscutível de 5 × 2 contra os suecos, anfitriões do campeonato, finalmente soltou os gritos de "ganhamos" e "somos campeões", engasgados na garganta dos brasileiros por oito anos.

Depois da vitória, o capitão da nossa seleção, Hideraldo Luiz Bellini, foi o primeiro brasileiro a empunhar a tão sonhada taça Jules Rimet. Eram dezenas de fotógrafos, do mundo inteiro, tentando pegar o melhor ângulo do capitão com a taça nas mãos. Julgando que facilitaria o trabalho dos fotógrafos brasileiros que estavam um pouco atrás da linha dos altíssimos

INTRODUÇÃO

jornalistas suecos, Bellini decidiu erguer um pouco a Jules Rimet e, em seguida, segurando a pesada taça com as mãos, a ergueu sobre a cabeça e olhou em direção às arquibancadas, como se quisesse mostrar para todos os presentes, e para o mundo, a grande conquista dos brasileiros. O gesto, até então inédito para um esportista, provocou arrepios e arrancou aplausos da multidão.

Para muitos, esse foi o momento mais importante da vida de Bellini, mas não é o meu caso. Para mim, o melhor foi ter tido o privilégio de compartilhar a minha vida com ele, de acompanhá-lo nos momentos de glória e de tristeza.

Bellini foi um ícone de um tempo que não volta mais. Tão presente no imaginário brasileiro da época como o presidente Juscelino Kubitschek, a Bossa Nova com Tom Jobim e Vinícius de Morais, Marta Rocha, a eterna miss Brasil ou, ainda, Maria Esther Bueno, a maior tenista da história brasileira. Ele era um homem lindo, de grande caráter, humanidade e com um coração que não tinha tamanho.

A história que conto neste livro não é só a do grande jogador, ídolo nos anos 1950. É, especialmente, a história do *meu* Bellini.

Bellini e eu, na casa de amigos. Foto de 1980.

1

ITAPIRA

Hideraldo Luiz Bellini, ou Bellini, como ficou conhecido, nasceu e foi criado na cidade de Itapira, interior do estado de São Paulo, onde eu também nasci e cresci. Filho de um imigrante italiano, Hermínio Bellini e de uma filha de italianos, Carolina Levatti, Bellini nasceu no dia 7 de junho de 1930, mas só foi registrado dias depois, no dia 21 de junho.

Os pais eram muito pobres e tiveram doze filhos. Seis deles morreram antes de atingir os 2 anos de idade, por motivos variados, mas principalmente de pneumonia. Contraíam uma simples gripe que acabava evoluindo para uma pneumonia e, como os antibióticos ainda não existiam, a taxa de mortalidade decorrente dessa doença era altíssima. E seus irmãos fizeram parte da triste realidade da mortalidade infantil da época. Bellini era o penúltimo da "escadinha"; por essa razão, quando nasceu, ele tinha até uma sobrinha, Ivone. Ele sequer soube os nomes dos irmãos que faleceram quando crianças.

Os seis filhos que sobreviveram foram, em ordem de nascimento, Maria, Hilda, Diva, Nelson, Hideraldo e Alcides. E todos ficaram altos. O mais "baixinho" tinha 1,73 m. Bellini chegou à estatura de 1,82 m. No coração da família, era chamado carinhosamente de "Lado" ou "tio Lado". Até hoje, os familiares se referem a ele dessa forma.

Maria, a irmã mais velha, foi sua madrinha de batismo. Ela contava que na pia batismal, quando o padre Henrique de Moraes Mattos (pároco em Itapira durante 50 anos) perguntou o nome da criança, e soube que era Hideraldo, não quis batizá-lo. Ele disse que somente o batizaria se tivesse, também, o nome de um santo. Nesse momento, minha sogra disse: "então põe Luiz", e assim ficou, Hideraldo Luiz. O primeiro nome foi uma homenagem de Maria a um grande médico, Dr. Ederaldo Prado de Queiroz Telles, da cidade de Mogi-Mirim, onde ela residia com o marido e a filha Ivone. No cartório, entretanto, não se sabe o porquê, o tabelião registrou o nome com "Hi".

Dois anos depois, Maria dava à luz a segunda filha, Olga, enquanto minha sogra trazia ao mundo seu último filho, Alcides. Mãe e filha grávidas na mesma época! Maria ainda teve outras duas meninas, Neuraci e Neuza.

Maria casou-se cedo, era dona de casa e gostava muito do Bellini. Quando Dona Carolina faleceu, ela se sentiu responsável por ele, apesar de já ser adulto, pois era sua madrinha, o havia carregado no colo e se considerava sua segunda mãe.

Maria mudou-se com as quatro filhas para São Paulo quando ficou viúva, mas os irmãos continuaram em Itapira. Hilda teve três filhos, e Nelson teve oito — sete meninas e um menino. Ele tinha uma chácara na cidade, e alguns dos seus filhos, ao se casarem, construíram suas casas na mesma área do pai. Assim, a chácara se tornou um "condomínio da família". Alcides sempre foi funcionário público, do Banco do Brasil, e morreu antes do Bellini. Diva era a única com espírito de comerciante e trabalhava com o marido, Hélio. Durante muitos anos, eles tiveram uma ótima loja de calçados em Itapira. Eles tiveram cinco filhos. A família Bellini é bem numerosa.

Minha sogra teve os doze filhos em casa, sem a ajuda de ninguém, nem mesmo de parteiras. Era uma mulher forte. Bellini passou toda a sua infância na casa da família, na rua do Amparo. A casa vivia sempre cheia de amigos, parentes e vizinhos.

Dona Carolina era a mais velha de oito irmãos, e sua irmã mais nova completou 103 anos em fevereiro de 2015. Seu nome é Angelina, mas é chamada pela família de "Anjula".

Bellini aos 12 anos de idade.

Meu sogro trabalhava com uma charrete, fazendo entregas e carretos em Itapira e regiões próximas, especialmente na zona rural. Seu cotidiano era difícil, mas "Seu" Hermínio nunca teve medo de trabalhar. E graças ao seu trabalho, teve condições de sair da zona rural e morar na cidade, em uma casa simples.

Era um homem sério, correto, rígido, extremamente honesto e dedicado ao trabalho. Bellini absorveu muito do comportamento e da forma de ser de seu pai, o que fez com que se tornasse igualmente correto, honesto e rígido, especialmente no que dizia respeito ao seu trabalho, o futebol. Essas características certamente contribuíram para que ele se tornasse o grande jogador e capitão que foi.

Uma situação ilustra muito bem a rigidez do Sr. Hermínio. Quando Bellini era pequeno, saía para trabalhar com o pai. Eles acordavam cedo, por volta das cinco da manhã. O Sr. Hermínio preparava o café da manhã para ele e para o filho. Em um determinado dia, ao provar o café servido pelo pai, Bellini disse que estava muito ruim, impossível de tomar. O pai, no entanto, disse que era bobagem, que o café estava bom e que o menino deveria tomá-lo imediatamente. Sem pensar duas vezes, Bellini obedeceu. Depois, quando seu pai foi tomar o café, descobriu que, por engano, havia colocado sal em vez de açúcar. Bellini disse: "Viu, pai! Nem o senhor consegue tomar o café!". Mesmo assim, o pai não se desculpou. Era durão!

Em razão da criação que recebeu, Bellini também se tornou um pai firme, mas não tão severo quanto o seu. Ambos tinham um enorme coração e eram homens de grande bondade.

Segundo ele mesmo contava, e algumas pessoas da família também, Bellini foi uma criança alegre e muito "levada". Era brincalhão, cheio de sonhos e ideias. Achava que conseguiria tudo que desejasse, o que mostrava desde cedo sua personalidade decidida. Ele desenvolveu traços de liderança no relacionamento com os amigos e era muito respeitado pela garotada.

Bellini começou a estudar aos seis anos de idade, um ano antes da maioria das crianças naquela época. Frequentava uma escola na zona rural de Itapira e sua primeira professora, dona Suzana Pereira da Silva, utilizava a charrete do Sr. Hermínio para chegar até a escolinha. Ela cultivava um carinho especial pelo pequeno aluno. E seus filhos, José Armando, Nelson, Sônia e Ruth, são meus amigos de infância. No ano seguinte, Bellini começou a estudar no Grupo Escolar Dr. Júlio Mesquita, onde permaneceu até a conclusão do curso primário.

Quando criança, Bellini costumava brincar com as primas e sobrinhas, pois seus irmãos, Nelson e Alcides, não gostavam de futebol. Ele reunia as meninas, Lurdinha, Irene, Geni e Neuza, para formar um time de futebol, e jogavam com bolas feitas de meias. Elas não gostavam da brincadeira e muitas vezes chegavam a chorar, pois eram obrigadas a jogar! Ele improvisava o gol e colocava a pequena Neuza, uma das sobrinhas, como "goleira". Ela tinha por volta de 5 anos de idade, e quando Bellini chutava ao gol, a menina se assustava, virava de costas, colocava as mãos no rosto e começava a chorar. Ela gritava: "Eu não quero tio, eu vou sair!", e ele respondia: "Não sai não! Volta para lá!". Ele ria muito ao contar essa história para mim, lembrando a situação tragicômica.

As três primas, Lurdinha, Irene e Geni, morriam de rir! Por serem mais velhas do que ele, elas não ficavam no gol. Quem ficava no gol, levando boladas no rosto, nos braços e nas costas, eram as sobrinhas. Por essa razão, quando elas o viam, corriam com medo de serem obrigadas a jogar.

Desde bem pequeno, Bellini já gostava de futebol. Vivia sempre chutando alguma coisa, especialmente bolas feitas com meias. Como a família tinha poucos recursos, ele não tinha condições de jogar com uma bola de verdade. Geralmente, ele e seus amigos jogavam com bolas de meia, bem enroladas. Entretanto, a vontade de jogar com uma bola de couro era enorme!

Sabendo disso, a professora do Grupo Escolar Júlio Mesquita prometeu a ele e aos seus amigos que lhes daria uma bola de futebol de couro, mas com uma condição: como os meninos faltavam muito, ela disse que no dia em que todos estivessem presentes na aula, ganhariam, como prêmio, uma bola de futebol. Pouco tempo depois, em um determinado dia, só faltavam dois alunos para que a presença fosse completa. Bellini disse que não ia deixar passar a oportunidade e foi buscar os dois que faltavam. Um estava com quase quarenta graus de febre! O outro estava longe, mas Bellini foi atrás e levou os dois para a classe. E foi então que ele teve a oportunidade de jogar, pela primeira vez na vida, com uma bola de couro.

Depois desse presente, Bellini e seus amigos ficaram empolgados e passaram a jogar ainda mais. Decidiram, então, criar um time de futebol organizado, com uniforme, chuteiras, titulares, reservas, massagista etc. O dinheiro necessário para bancar a empreitada veio de uma "vaquinha" entre os amigos. O pai de um dos garotos do time era dono de uma fábrica de calçados e, por grande insistência do filho, acabou fornecendo as chuteiras para todos os jogadores. O time recebeu o nome de "Juvenil Paulistano" e se tornou um grande orgulho para a garotada.

Com tudo pronto, os garotos precisavam apenas resolver um problema: todos queriam ser titulares! Como acabou havendo uma confusão sobre esse assunto, eles pediram a algumas pessoas de fora, teoricamente imparciais, para escalar o time.

Os treinos eram feitos diariamente no estádio municipal de Itapira. Entretanto, eles não tinham autorização para jogar lá e, sistematicamente, invadiam o estádio! O vigia já não aguentava mais colocar a garotada para correr, tanto que, depois de algum tempo, ele se cansou e desistiu, permitindo que o "Juvenil Paulistano" treinasse no local.

O pai de Bellini sempre incentivou o filho a jogar futebol e ia regularmente assistir, aos domingos, às peladas que a garotada organizava no estádio de Itapira. Pai e filho sempre se deram bem, apesar de toda a rigidez do Sr. Hermínio. O futebol era um forte elo entre os dois. Bellini jogava muito bem e o pai acabou se tornando seu maior fã. Todos os dias, ele ficava no portão da casa, aguardando o pai retornar do trabalho — queria lhe contar sobre o resultado do treino e como havia sido o seu desempenho. Eles se davam realmente bem.

Por vezes, Bellini costumava atazanar o pai, pois o Sr. Hermínio era um homem sem escolaridade e falava um português "macarrônico" em razão, também, da sua origem. Quando dizia ao pai que ele estava falando errado, este respondia: "você entendeu, não entendeu? Então fique quieto". O pai praticamente não falava português, só italiano. A mãe falava português, mas também usava muitas frases e expressões italianas.

Da esquerda para a direita: Bellini, com 12 anos de idade, Manoel Marques (Zito) e Heládio Boretti (Lalo).

Ao contrário do marido, Dona Carolina não via futuro para seu filho no futebol. Achava que seria muito mais proveitoso se Bellini deixasse o esporte para se concentrar nos estudos. Ela conhecia o filho que tinha e sabia que, com o seu temperamento, acabaria se metendo em muitas brigas. Além disso, acreditava que o futebol era um esporte muito duro e violento e pedia ao marido para convencer o filho a parar com aquilo. Confirmando o temor de sua mãe, durante um jogo pela seleção de Itapira, realizado na cidade de Poços de Caldas, em Minas Gerais, Bellini caiu e quebrou o braço. Mas, mesmo com o braço quebrado, usando uma tipoia, ele sempre dava um jeito de assistir aos treinos do Juvenil Paulistano. Não conseguia ficar longe do futebol por nada!

Bellini era um menino que morria de medo de assombrações e almas do outro mundo! Dizia que preferia enfrentar qualquer perigo a deparar-se com algo vindo do além, mas, um dia, acabou encontrando. Ele contou que certa vez, por volta da meia-noite, estava voltando de um jogo com seu primo e companheiro de futebol, Hélio, e ao se aproximar da casa do primo, avistou uma mulher, um vulto branco, que olhava para os dois fixamente. A princípio, Bellini achou que fosse a mãe de Hélio, esperando por ele. A mulher, com feições de uma senhora, parecia calma, mas enquanto ele olhava para ela e seu primo insistia em dizer que não havia ninguém naquele lugar, Bellini começou a sentir dificuldade para andar e seus cabelos, literalmente, começaram a "ficar em pé". A sensação era de que algo o prendia ao chão. Aos poucos, o vulto desapareceu, Bellini sentiu a força que o prendia ao chão dissipar e, imediatamente, saiu correndo e gritando de medo. Nunca mais voltou a jogar à noite!

Nessa época, com 13 anos de idade, Bellini começou a demonstrar interesse por outra atividade: a barbearia. Ao perceber isso, o Sr. Pedro Manfredini, dono da principal barbearia de Itapira, ofereceu-lhe a oportunidade de ser aprendiz. Para Bellini, o serviço de barbearia não era tão atrativo, nem uma carreira a seguir, mas a curiosidade o levava a querer aprender o ofício.

Por incrível que possa parecer, o cargo de aprendiz naquela barbearia era uma posição sonhada por muitos garotos da cidade, pois a profissão era prestigiada e bem remunerada. Bellini dizia que nem mesmo na final da Copa de 1958, na Suécia, ficou tão nervoso quanto ao cortar o cabelo de seu primeiro cliente! Isso depois de um estágio de quatro meses, apenas observando e aprendendo com os barbeiros. Depois de concluir o seu trabalho inicial como barbeiro, ganhou a primeira e tão suada gorjeta: dois cruzeiros.

Com o tempo e a prática, ele deixou de ser aprendiz para se tornar um dos principais profissionais da barbearia. Isso trazia ainda mais admiração dos amigos, que já o respeitavam pelo futebol que jogava como zagueiro no Juvenil Paulistano.

Depois de algum tempo, Bellini mudou de salão e foi trabalhar na barbearia do Sr. Wilson Lopes de Morais, que era amigo de seu pai. Como Bellini acabou levando vários de seus clientes para a nova barbearia, o Sr. Wilson, em agradecimento, permitia que ele não trabalhasse na parte da manhã, para que pudesse treinar com o Juvenil Paulistano. O Sr. Wilson também contribuía com a compra de material esportivo para o time.

Bellini continuou trabalhando como barbeiro por algum tempo, até que, em razão de maus resultados nas notas escolares, decidiu parar com o trabalho e se concentrar mais nos estudos, especialmente em matemática, matéria na qual encontrava mais dificuldade.

Houve uma grande resistência por parte do Sr. Wilson, quando ele disse que iria se demitir. Além do patrão, seus clientes também lamentaram e tentaram argumentar se seria possível para Bellini conciliar o trabalho, os estudos e o futebol. Mas o futuro capitão da seleção brasileira já estava decidido. Era hora de parar. Ele só voltou a pegar em uma tesoura quando, já profissional, no Clube de Regatas Vasco da Gama do Rio de Janeiro, seus colegas descobriram que ele havia sido barbeiro e o "obrigaram" a fazer os cortes de cabelo em muitos deles. Isso ocorreu durante uma excursão do Vasco à Europa e seu "trabalho" como barbeiro foi intensivo durante a estada na França.

Bellini realmente tinha o dom para barbeiro. Ele sempre cortou o cabelo do nosso filho, Júnior, até ele se tornar um adulto, com mais de 25 anos de idade. Apesar de reconhecer a sua habilidade, eu nunca deixei que ele cortasse o meu cabelo com receio de que, acostumado a estilos masculinos, o seu corte, para mim, não ficasse tão bom. Mas ele cortou o cabelo da nossa filha, Carla, até os 6 ou 7 anos de idade.

Bellini em Itapira, na Sociedade Esportiva Itapirense.

Bellini em Itapira, julho de 1958, no restaurante do Itapira Bar, comemorando a vitória com seus amigos.

Com o passar do tempo, Bellini começou a perceber que, para crescer no futebol, precisaria abandonar seu primeiro time, aquele que havia criado com seus amigos, o Juvenil Paulistano. O dia da despedida foi muito difícil, era doloroso dar um abraço em cada um dos jogadores e, em especial, no seu melhor amigo, Paulo Fernandes. Ele e Bellini foram os dois principais idealizadores do time. O futuro capitão havia recebido um convite para jogar no Juvenil Sarkis, time dos funcionários de uma fábrica de chapéus, com o mesmo nome.

O convite partiu de um dos diretores da fábrica, Sr. Jader, que era fã de Bellini e o queria no time da empresa.

Entretanto, apenas alguns meses depois, no ano de 1946, aos 16 anos de idade, Bellini recebeu um convite que, na época, não poderia recusar. Jorge Witer, treinador da Sociedade Esportiva Itapirense — SEI, foi pessoalmente à casa da família de Bellini, e o convidou para jogar no time como centro-médio, no lugar de Armando Bagatela, um dos jogadores mais respeitados de Itapira, e que mais tarde viria a se tornar jogador da Portuguesa. O convite, por si só, já era uma honra para Bellini, pois, além de jogar no principal time da cidade, teria a responsabilidade de substituir um jogador de peso.

Apesar de não estar muito acostumado a jogar naquela posição, pois sempre jogou como zagueiro lateral, Bellini acabou se mostrando ótimo e rapidamente se tornou o jogador de maior prestígio em Itapira.

Aos 18 anos, em 1948, Bellini e sua equipe levaram a SEI à final de um campeonato regional amador, organizado pela Federação Paulista de Futebol. Vindo de pequenos clubes, amadores e bem "caseiros", Bellini nunca havia sofrido uma derrota que não acontecesse dentro de campo. Isso mudou na final desse campeonato. O jogo aconteceu na cidade de Mococa, em São Paulo, e foi contra o time local, de nome Rádium.

O que não poderia ser previsto por Bellini, qualquer jogador ou dirigente da SEI, é que o juiz da partida sofrera grandes ameaças e fora coagido a favorecer o time local. O jogo foi difícil, com muita agressividade de ambos os lados. O juiz não punia ninguém, se limitava a observar e deixava o jogo totalmente sem controle. Com dois pênaltis marcados de maneira absolutamente irregular, o Rádium venceu a SEI. Bellini sofreu, naquele dia, sua primeira grande decepção no futebol e chorou muito.

No final de 1948, Bellini foi convidado pelo presidente da Associação Comercial de Itapira para jogar no Comercial de São Paulo. Pouco depois, recebeu outro chamado, desta vez para jogar no Juventus, mas, nesse meio tempo, ele aceitou o convite para jogar no Sanjoanense, um clube da cidade de São João da Boa Vista, no interior de São Paulo. O time estava, naquele momento, se reorganizando e se preparando para jogar o campeonato da segunda divisão.

O Sanjoanense precisava contratar um novo zagueiro para substituir o talentoso Mauro Ramos, que acabara de ser contratado pelo São Paulo, e os dirigentes do clube estavam à procura de um jogador que tivesse talento para atuar na defesa do time.

Então, olheiros do clube ficaram sabendo de um jovem zagueiro da cidade de Itapira, considerado o melhor jogador do momento nas partidas disputadas por seu time, e foram conferir um jogo da Sociedade Esportiva Itapirense. Eles precisavam constatar se o zagueiro daquela pequena equipe apresentava potencial para ocupar o lugar de Mauro.

Quando deixou a nossa cidade natal para jogar no Sanjoanense, Bellini frequentava a Escola de Comércio em Itapira, curso equivalente ao secundário, hoje conhecido como ensino médio. Com a mudança para São João da Boa Vista, ele teve que abandonar os estudos para seguir a profissão de jogador. Era o seu primeiro contrato e, a partir daí, sua carreira só viria a progredir.

"
Desde bem pequeno, Bellini já gostava de futebol. Vivia sempre chutando alguma coisa, especialmente bolas feitas com meias.
"

De São João da Boa Vista para o Rio de Janeiro

Depois de jogar no Juvenil Paulistano, time que ajudou a criar, jogar no Juvenil Sarkis e na Sociedade Esportiva Itapirense, Bellini deixou Itapira para atuar no Sanjoanense, clube de São João da Boa Vista, cidade do interior de São Paulo. Para ele, jogar ali trazia uma grande vantagem: a cidade de São João da Boa Vista ficava a cerca de setenta quilômetros de Itapira. Isso permitia que ele voltasse regularmente para casa.

Bellini, então com 18 anos de idade, assinou com o Sanjoanense o seu primeiro contrato profissional. Na época, seu pai o apoiou, pois via no futebol a esperança de um futuro melhor para o filho. Entretanto, dona Carolina se opôs, pois temia pelo filho, jogando e morando longe de casa. Coisas que só uma mãe preocupada entende!

Ele não tinha empresário e, naquele tempo, isso sequer existia no futebol. Bellini assinava os contratos em branco e na hora da renovação era tudo revisto. Essa prática pode parecer impensável nos dias de hoje, mas era a praxe na época. Somente depois de assinado o contrato era colocado em uma máquina de escrever para ser preenchido. Era tudo acordado no "fio do bigode", ou seja, na confiança. O que ele ganhava era quase nada se comparado ao que os jogadores de hoje ganham, mas era bastante para a época. O dinheiro dava e sobrava, tanto que ele

Em 1949, quando jogava na Sociedade Esportiva Sanjoanense. Em pé, da esquerda para a direita: Bellini, Dias, Valdomiro, Zé Coco, Até, Roberto Natalalício e Tito Rodrigues (técnico). Agachados, da esquerda para a direita: Haroldo, Ângelo, Noventa, Zé Amaro e Oliveira.

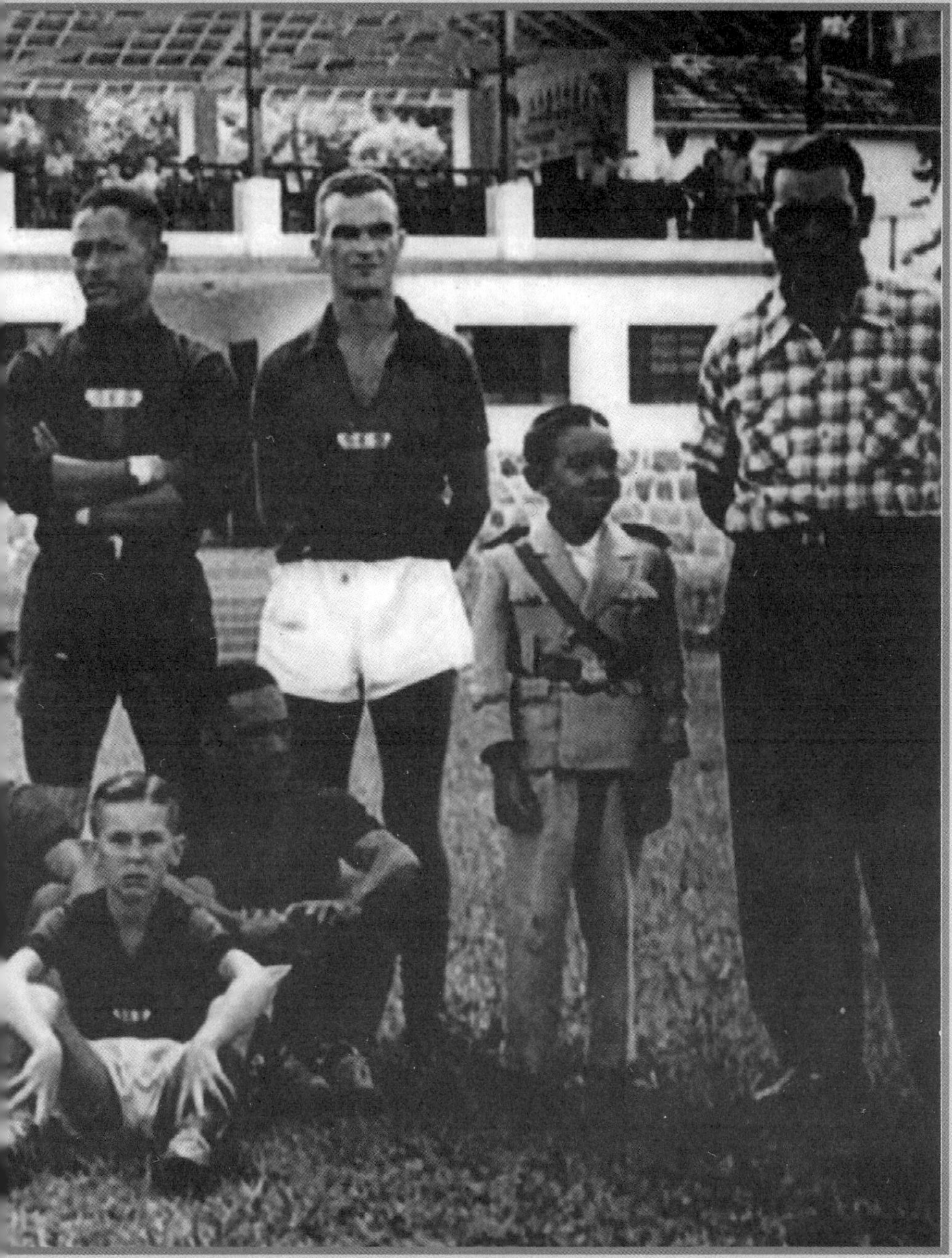

ajudava a família. Bellini passou a ter um padrão de vida muito bom. Não era rico, mas vivia bem.

A título de curiosidade, foi feito um levantamento pela revista *Placar*, há alguns anos, no qual se comparava os salários dos antigos jogadores da seleção com os valores recebidos pelos jogadores da atualidade (considerando-se a época da publicação). Eles converteram tudo em dólares, para facilitar a comparação. Bellini, no auge da carreira, segundo a revista, ganhava 25 mil dólares. Hoje, um bom jogador do São Paulo ganha mais de 150 mil dólares. Já um craque do Real Madrid, por exemplo, chega a ganhar quase dois milhões de dólares por mês.

Ao ser contratado pelo Sanjoanense, Bellini recebeu, a título de luvas, três mil cruzeiros. Ele nunca havia visto tanto dinheiro na vida e não sabia o que fazer com ele. Por isso, mandou tudo para seu pai que, imediatamente, abriu uma conta bancária em nome do filho. Em São João da Boa Vista, Hideraldo morava em uma pensão e, aos poucos, foi se enturmando e fazendo amizades com os outros jogadores, em especial com o ponta-direita Omar.

Bellini, em 1949, com apenas 19 anos de idade, época em que já vestia a camisa do Sanjoanense.

Naquela época, o futebol era um negócio menor, havia mais romantismo, mais amor ao jogo e ao time. Era menos comercial. Os jogadores de hoje também gostam de jogar bola, mas há todo o glamour, o dinheiro e o status. A mídia, atualmente, supervaloriza os jogadores de futebol, mas, naquela época, eles não eram tão idolatrados. Os jogadores, hoje em dia, são tratados como *superstars*.

Assim que terminou o Campeonato Paulista de 1950, com um grande desempenho em campo e considerado um jogador revelação, Bellini recebeu diversas ofertas de grandes clubes, como São Paulo, Palmeiras e Vasco da Gama. Este último acabou ganhando o direito ao passe do zagueiro, que se mudou para o Rio de Janeiro. Desta vez, o valor do passe foi de quinhentos mil cruzeiros, quantia estratosfericamente maior do que o valor pago pelo Sanjoanense. O salário foi fixado em nove mil cruzeiros mensais.

O convite do Vasco da Gama aconteceu da maneira costumeira: através de jornais regionais, alguns olheiros do Rio de Janeiro souberam de um zagueiro no Sanjoanense que, na maioria das partidas, era considerado o

Em junho de 1954, dois anos após começar a jogar no Vasco da Gama.

DE SÃO JOÃO DA BOA VISTA PARA O RIO DE JANEIRO

No início da carreira de grande sucesso no Vasco da Gama, com 24 anos de idade.

Em 1957, ano em que vestiu a camisa da Seleção Brasileira pela primeira vez.

melhor jogador em campo. O Vasco, que era um dos maiores times da época, e fora a base da seleção de 1950, estava precisando de um bom zagueiro. Então, os dirigentes enviaram alguém para assistir a um jogo do Sanjoanense e ver como Bellini jogava. O olheiro gostou do que viu e avisou ao Vasco. O time carioca então autorizou que fosse negociado com o Sanjoanense um valor pelo seu passe. Para o Vasco, o valor pago foi irrisório, mas para o time de São João da Boa Vista e para Bellini, era muito.

Apesar da alegria de ter conquistado seu primeiro grande contrato como jogador profissional, deixar o Sanjoanense e a cidade de São João da Boa Vista foi difícil para Bellini. Ele fez grandes amigos e, até então, jogar no time daquela pequena cidade havia sido a maior conquista de sua vida. O Sanjoanense ainda hoje se orgulha de ter sido o time que revelou dois capitães campeões mundiais pela Seleção Brasileira de Futebol — Bellini e Mauro Ramos. Um fato raríssimo no mundo. Para Bellini, o Sanjoanense e a cidade de São João da Boa Vista nunca ficaram para trás. Essa ligação se manteve por toda a sua vida, e ele constantemente encontrava os amigos de que tanto gostava.

Em fevereiro de 1952, Bellini deixou o Sanjoanense para jogar no Vasco da Gama. Para o jovem jogador, de apenas 22 anos de idade, sair do interior de São Paulo para viver na então capital do Brasil, foi uma mudança drástica.

Nessa época, ele já era considerado um ótimo zagueiro central, apesar de também ter uma grande habilidade para jogar como zagueiro lateral, tanto pela direita como pela esquerda do campo.

A contratação pelo Vasco foi uma grande virada na sua vida. O feito do filho de Itapira encheu de orgulho a todos na cidade, e Bellini foi reconhecido como um vencedor. Sua vida não poderia ser mais parecida com um sonho realizado, entretanto, o futuro traria êxitos ainda maiores. Nada seria comparável à grande conquista da Copa do Mundo de 1958, sendo o primeiro brasileiro a erguer a Jules Rimet.

Como Bellini era muito alto e forte, durante toda a sua carreira no futebol profissional os jogadores diziam que ele era muito difícil de ser combatido. Isso fez com que os colegas o apelidassem de "boi". Ele não deixava os atacantes passarem com a bola no chão, de jeito nenhum. Ou ele travava a bola ou, em último caso, derrubava o oponente. Mas não deixava passar! Em bolas altas, então, era imbatível. Subia muito, e sabia cabecear muito bem, uma de suas maiores vantagens dentro do futebol. Sua eficiência como zagueiro o fez ser reconhecido como um dos melhores jogadores de sua posição, em todos os tempos.

Ele pulava muito alto, apesar dos seus 85 quilos, pois tinha muita impulsão. Aliás, ele gostava muito de exercitar essa característica. Na época do Vasco, treinava com chumbo nas canelas, colete e cinto com pesos. Com isso, ficava com o corpo mais pesado e forçava mais a musculatura. Quando saltava, acabava erguendo 90 quilos ou mais. Quando tirava os pesos, ficava bem mais leve e conseguia pular muito mais alto. Ele tinha todas as técnicas de cabeceio, aprendidas na prática, "ralando" nos campos de futebol por muitos anos, desde a infância.

Bellini sempre foi um jogador focado nos treinos e nas técnicas que podiam ser usadas no futebol, desde o preparo físico até as estratégias de jogo. Entretanto, quando chegou ao Rio de Janeiro, ficou muito curioso sobre a cidade e quis conhecer tudo. Era natural, afinal, foi uma enorme mudança — sair da pequena São João da Boa Vista, no interior do estado de São Paulo, para morar na capital do Brasil. Havia muito que conhecer e explorar na Cidade Maravilhosa!

O Rio de Janeiro, na década de 1950, era um lugar bem diferente do que é hoje em dia. Aliás, o Brasil daquela época pouco tem a ver com o atual. Em 1952, o Palácio do Catete era a sede do Governo Federal e residência oficial do então presidente da República, Getúlio Vargas, que governava sob um mandato obtido nas urnas.

Era uma metrópole da época, com muitos carros (porém com muito menos trânsito!), prédios e ruas repletas de transeuntes no centro da cidade, ou seja, uma versão tupiniquim de cidades como Nova Iorque ou Paris. De qualquer forma, era um novo cenário e uma vida completamente diferente daquela que Bellini conheceu em Itapira e em São João da Boa Vista. Além disso, um clube de futebol do porte do Vasco da Gama em nada se assemelhava aos times que Bellini havia jogado ou conhecido. Ele era um jogador jovem e talentoso, mas ainda tinha muito o que aprender sobre jogar em um time de primeira linha.

Bellini começou por baixo no Vasco. Somente em 1953 passou a ser zagueiro titular. Em 1955, o então técnico do clube, Flávio Costa, decidiu dar a chance para Bellini se mostrar internacionalmente. Começou sendo reserva em dois jogos contra as seleções do Uruguai e da Tchecoslováquia.

No ano seguinte, 1956, o Vasco embarcou para uma excursão à Europa, com Bellini na posição de zagueiro titular. Entretanto, após se contundir em uma difícil partida na Itália, ele teve que retornar ao banco de reservas. Na volta da Europa, o técnico do clube, Martim Francisco, o promoveu a capitão do Vasco e, nesse mesmo ano, com Bellini como zagueiro e capitão, o Vasco sagrou-se campeão do Rio de Janeiro.

Depois da conquista do Campeonato Carioca, Bellini renovou seu contrato com o Vasco, com um grande adicional de luvas e de salário. Dois anos depois, outra renovação de contrato com aumentos adicionais. Bellini se tornara um jogador muito valorizado e suas atuações continuavam a trazer ótimos resultados para o clube carioca. Nessa mesma época, quando estava na Venezuela, durante uma série de jogos internacionais de seu time, Bellini recebeu uma proposta para jogar no clube italiano do Roma, mas a proposta foi recusada pelo Vasco. Pouco tempo depois, Vasco e Barcelona tentaram uma negociação. Bellini queria muito jogar no Barcelona, pois as vantagens financeiras eram as melhores possíveis. Mesmo assim, as partes não chegaram ao tão desejado acordo.

Bellini construiu uma sólida reputação como jogador, enquanto atuava pelo Vasco da Gama. Seu estilo duro, liderança, seriedade e garra marcaram sua carreira para sempre e tudo isso fez com que torcedores, não somente do Vasco, mas de outros times, cultivassem uma profunda admiração pelo meu marido. Um exemplo bem marcante, capaz de ilustrar a visão que os torcedores tinham do Bellini, chegou recentemente ao meu conhecimento através de um amigo, torcedor do Flamengo.

Por volta de 1960, durante um jogo Vasco × Flamengo, no Maracanã, Bellini sofreu uma séria contusão e teve que ser removido do campo carregado na maca. O estádio estava lotado, cerca de cem mil espectadores, e ele precisou passar em frente à torcida do Flamengo, já que deveria ser conduzido ao túnel que ficava à esquerda da tribuna de honra, onde estava a torcida rubro-negra. Naquele momento, Bellini foi aplaudido de pé por todos os torcedores do Flamengo, em uma grande demonstração de admiração, carinho e reconhecimento. Essa história me fez pensar em como tudo mudou, desde os anos 1950 e 1960 até os dias de hoje. Naquela época, torcedores de grandes times sabiam como conviver em harmonia e não havia os grandes conflitos entre as torcidas organizadas, como ocorre atualmente, resultando até em mortes. Os pais levavam seus filhos pequenos para frequentar os estádios e sentavam próximos às torcidas adversárias, sem medo de qualquer tipo de represália. Era diversão, esporte e confraternização.

Durante a sua longa estada no Vasco da Gama, Bellini colecionou muitos títulos, mas um, em especial, certamente foi o mais difícil e também o mais "valorizado" de todos. No Campeonato Carioca de 1958, a disputa entre os três maiores times — Flamengo, Vasco e Botafogo — foi a mais acirrada da história. Como não havia possibilidade de disputa de pênaltis no regulamento do campeonato, os jogos eram muito acirrados e os resultados não estavam indicando um vencedor. Foram necessários três turnos com dois jogos para cada time, para que, finalmente, houvesse uma final entre os dois melhores daquele ano: Vasco e Flamengo.

O jogo decisivo foi dificílimo e violento. Três jogadores foram expulsos e um lateral do Vasco, Paulinho de Almeida, saiu de campo com uma perna quebrada. No final, o Vasco ganhou e se consagrou "Super-super Campeão". Essa designação, que é oficial, aconteceu pelo seguinte motivo: quando foi necessário um segundo turno entre os três melhores times, o que já era inédito, o campeonato foi renomeado como Super Campeonato Carioca. Entretanto, quando, de maneira espetacular, foi necessário um terceiro turno, o nome do campeonato foi mais uma vez alterado para Super-Super-Campeonato Carioca. Poucos meses após a conquista da Copa do Mundo, Bellini ainda teve a felicidade de ganhar esse campeonato incrível! Devido à disputa inédita, a final do Super-Super-Campeonato de 1958 aconteceu somente em janeiro de 1959.

Para Bellini, 1958 foi realmente um ano de ouro, pois ele conquistou os três maiores títulos possíveis: campeão do Super-Super-Campeonato do Rio de Janeiro, do Torneio Rio-São Paulo e da Copa do Mundo, jogando pela Seleção Brasileira.

Anúncio da loja de sapatos do Bellini, publicado em 1959.

Rio, 1957, com a vedete Mara Rubia e o humorista Oscarito (à direita).

Seu sucesso profissional como zagueiro aconteceu, entre outros motivos, pela garra com que jogava, disputava bolas e resistia à dor. Aliás, a resistência era um forte atributo seu. Posso citar alguns exemplos de como ele era "duro na queda". Bellini tinha um problema um tanto crônico no ombro direito. Eventualmente, durante uma partida de futebol, o braço direito se deslocava, saindo do lugar. E de tanto esse fato se repetir, ele acabou descobrindo uma forma de continuar jogando — não aceitava a hipótese de se ausentar do campo. Ele girava o braço no sentido anti-horário, erguendo-o, até conseguir encaixá-lo novamente. Existe um registro em vídeo, filmado durante um jogo da Copa do Mundo de 1958, que mostra exatamente um momento desses, quando ele aparece recolocando o braço no lugar e voltando ao campo, ocupando novamente sua posição.

Outro incidente que demonstra com clareza a capacidade que Bellini tinha de suportar a dor prolongadamente ocorreu durante um jogo do Campeonato Carioca (não me lembro do ano, nem do time adversário). Naquele dia, houve um lance em que a bola veio à meia altura e, na disputa com o jogador adversário, Bellini ficou na dúvida se chutava ou cabeceava a bola. Optou em cabecear para baixo. O jogador adversário, tendo a mesma dúvida (o que declarou após o jogo), decidiu entrar com o pé. Na disputa da bola, ao tentar chutá-la, acertou o rosto do Bellini, empurrando dois dentes para o fundo da boca. E para não sair do jogo, o que ele fez? Trouxe os dentes para frente e cerrou a boca para que eles não ficassem frouxos, e se manteve assim, até o final da partida. Depois do fim do jogo, saiu diretamente para o consultório de um dentista. Estes são apenas dois episódios, dentre tantos outros, em que fica evidente a garra que ele possuía como atleta, a responsabilidade como profissional e o amor à camisa do clube.

Entretanto, mesmo sendo "duro na queda", muitas vezes acabava sendo impossível continuar lutando dentro de campo e Bellini se via obrigado a deixar o jogo e ir para um hospital, em casos mais graves como, por exemplo, quando ele teve um afundamento do osso malar, do lado direito da face. Isso aconteceu por duas vezes, uma delas no Chile, durante um amistoso em que ele teve que sair de campo. Em razão da precariedade do serviço médico na localidade, Bellini acabou sendo atendido em uma maternidade, assustando as parturientes ao dar entrada. E ainda, para se submeter à cirurgia, teve que usar um avental feminino! Tudo muito estranho na época, mas depois, quando ele contava essa história, ria muito. Como não havia a disponibilidade de anestesia naquele momento, para suportar a dor do procedimento, ele agarrou o braço das duas enfermeiras, uma de cada lado, e apertou tão forte que elas começaram a gritar. Depois de tudo terminado, elas contaram que tiveram medo de perder o braço! Uma situação como essa é inimaginável nos dias de hoje, pois atualmente o que vemos é uma tecnologia de ponta a serviço da saúde dos jogadores, contrastando fortemente com o que existia décadas atrás. De qualquer forma, as dificuldades enfrentadas em campo por Bellini, durante sua passagem pelo Vasco da Gama, ajudaram a fazer dele o grande atleta que foi.

Fora do campo, morando no Rio de Janeiro, Bellini se dava muito bem com todos os jogadores do Vasco, mas tinha um relacionamento mais próximo com o Almir Pernambuquinho. Eles se tornaram tão amigos que Bellini foi convidado para ser seu padrinho de batismo (Almir tinha 24 anos quando se tornou católico; antes era evangélico) e alguns anos depois, foi seu padrinho de casamento. Por coincidência, mais tarde, eu fui professora da Daniela, neta de Almir, que estudou no Colégio Nossa Senhora de Sion, em São Paulo.

Além de Almir, Bellini tinha muita amizade com Écio Capovilla, também do Vasco, nascido em Valinhos, no interior de São Paulo, onde reside até hoje.

Durante os anos vividos no Rio de Janeiro, sendo um dos principais jogadores da cidade, Bellini era alvo constante de matérias em jornais e revistas, cujos repórteres procediam como os *paparazzi* da atualidade, tentando encontrar fofocas e fatos interessantes sobre a sua vida, algo que pudesse ser publicado para aumentar as vendas. Apesar de sair pouco no Rio de Janeiro, a imprensa, muitas vezes o envolvia, noticiando supostos romances com cantoras de rádio, como Dóris Monteiro e vedetes do Teatro de Revista, como Angelita Martinez.

A fofoca com a Dóris surgiu porque a sua mãe, que era portuguesa e vascaína, assim como todos de sua família, levava a filha à concentração do Vasco, em véspera de jogo, para que ela cantasse para os jogadores e diretores do clube. Isso ocorreu apenas algumas vezes, mas o suficiente para que acabassem fomentando histórias de um suposto envolvimento com Bellini, que já era considerado o jogador mais bonito de todos. Nessa época, por volta de 1956 e 1957, Dóris Monteiro era considerada uma das maiores cantoras, além de ser uma jovem muito bonita. Quanto à Angelita Martinez, a origem do boato surgiu quando Bellini foi assistir a um espetáculo em que ela era a atriz principal. No final da apresentação, ela voltou ao palco, única e exclusivamente para agradecer, publicamente, a presença dele. No dia seguinte, a imprensa já anunciava um possível romance entre os dois.

Enquanto vivia no Rio de Janeiro, mesmo jogando pelo Vasco, Bellini decidiu abrir uma loja de sapatos femininos, no centro comercial de Copacabana. Eram sapatos finíssimos de couro especial, feitos a mão por um artesão, considerado um artista na confecção de calçados. A loja ficou muito conhecida e "badalada". Personalidades da época, como Ilka Soares, a própria Dóris Monteiro e Marlene, entre outras, tornaram-se clientes assíduas da loja. E muitas iam até lá apenas para ter a oportunidade de conversar pessoalmente com o Bellini.

Para divulgar a loja, além de anunciar em revistas e no rádio, Bellini chegou a organizar alguns desfiles. Nas revistas, o singelo slogan, condizente com o tipo de propaganda feito na década de 1950, anunciava: "Toda moça é cinderela na lojinha do Bellini".

Como os treinos e jogos do Vasco eram prioritários, Bellini precisava de alguém que cuidasse do negócio na sua ausência. Foi então que decidiu levar para o Rio um sobrinho, vindo de Itapira, um jovem que tinha todas as condições para cuidar bem da loja. José Benedito, ou "Dito", era filho de sua irmã Hilda. Ele se mostrou capaz e administrava muito bem a loja na ausência do Bellini.

Entretanto, depois de algum tempo, Dito, que já praticava judô em Itapira, começou a treinar no Rio de Janeiro. Seu interesse pela luta era enorme e, depois de algum tempo, ele decidiu se dedicar à arte marcial e acabou deixando a loja. Com a sua saída, Bellini, que também não tinha tempo para administrar o negócio, e não queria colocar outra pessoa no

DE SÃO JOÃO DA BOA VISTA PARA O RIO DE JANEIRO

Acima, à esquerda: Bellini em anúncio publicitário de uma fábrica de camisas. *Acima, à direita:* Foto de uma campanha publicitária da rede de lojas de roupas DUCAL, em 1958.
À esquerda: Foto utilizada na campanha publicitária do automóvel Gordini

Em anúncio das lâminas de barbear Gillete — mais uma vez no papel de garoto propaganda.

lugar do sobrinho, decidiu se desfazer da loja. Ela foi vendida para o então goleiro do Flamengo, Fernando.

Mais tarde, ainda no Rio, Bellini iniciou outro negócio de sucesso: sua carreira como modelo e "garoto-propaganda". Poucos sabem, mas ele foi o primeiro jogador de futebol a trabalhar em campanhas publicitárias. E foram muitas! Propagandas da Gillette, da rede de lojas de roupas Ducal e de um famoso magazine masculino em Curitiba, do automóvel Gordini, fabricado no Brasil pela Willys, e até mesmo da Lambretta, a famosa motoneta, símbolo dos anos 1950 e 1960.

Bellini continuou atuando na área de publicidade por muitos anos. Entretanto, por convicções pessoais, ele não aceitava fazer campanhas para nenhum produto que considerasse nocivo, especialmente cigarros. A exceção, ou melhor, a única campanha feita por ele que aparentemente fugia à essa regra foi a propaganda de um licor. O fabricante argumentou que, apesar de se tratar de uma bebida alcoólica, o teor era baixíssimo e o produto ainda trazia benefícios para o fígado. Depois de ouvir essas explicações, ele cedeu e participou da campanha.

Por sua estatura alta, seu porte atlético e sua beleza física, Bellini foi considerado um dos jogadores mais bonitos da época. Isso, claro, chamou a atenção do mundo da publicidade e ele acabou, mais uma vez, sendo pioneiro. Nos dias de hoje, dezenas de jogadores de futebol aparecem em campanhas publicitárias e até mesmo firmam contratos de anos de exclusividade com as mais diversas empresas e marcas.

Depois de ser visto por todo o mundo, jogando e levantando a Jules Rimet, o porte e a beleza do capitão da seleção brasileira também começaram a chamar a atenção em outros países.

A prova disso se deu em 1958, pouco depois da volta da seleção para o Brasil. Nessa época, Henry Stone, produtor do estúdio americano Fox, passou um mês no Rio de Janeiro tentando convencer Bellini a atuar em um filme em Hollywood. Para Stone, ele havia voltado da Copa do Mundo como um herói, era fotogênico e tinha um tipo clássico de galã.

Henry Stone já havia até mesmo preparado uma agenda para Bellini, quando fosse aos Estados Unidos. Seria uma estada de apenas uma semana, na qual ele faria alguns testes e teria de jantar com duas das maiores estrelas do cinema americano da época: Elizabeth Taylor e Kim Novak. Essa semana seria, basicamente, para que Bellini fosse apresentado a alguns executivos dos estúdios Fox e, em seguida, retornaria ao Brasil.

O produtor de Hollywood pediu ao Vasco que Bellini fosse liberado por uma semana, entretanto, a diretoria negou terminantemente, alegando que ele era um jogador profissional e não um ator. Entretanto, os dirigentes disseram que, ainda assim, iriam conversar com ele. A resposta de Bellini foi a mesma do clube. Ele disse que não tinha nenhuma vocação para ator, que o seu trabalho e a sua vida se resumiam ao futebol. Descontraído e bem-humorado, ele ainda brincou, dizendo que quem o achava bonito era apenas a sua mãe! Preferiu deixar a proposta de lado

Orlando, jogador do Vasco, dá as boas vindas ao Bellini, que retornava de uma vitória na Seleção.

e não foi. O Vasco considerou louvável tal atitude e encarou como mais uma demonstração de seriedade e profissionalismo.

Além de ser um profissional dedicado, Bellini também possuía um coração enorme. Estava sempre ajudando as pessoas, das mais diferentes formas.

Um episódio ilustra bem o quanto ele se importava com os outros, mesmo que fossem estranhos. Em 1958, pouco tempo depois da grande vitória na Copa do Mundo da Suécia, Bellini soube da história de uma menina de apenas 10 anos de idade, chamada Célia, que morava no Rio de Janeiro e fora vítima da poliomielite. Ela acabara de passar por uma cirurgia em uma das pernas, e estava em recuperação. A cirurgia era uma tentativa de minimizar as sequelas causadas pela doença.

Apesar de torcer pelo Botafogo, como toda a sua família, a garota gostava muito do Bellini. O que não era nenhuma novidade. Afinal, quem não gostava do capitão naquela época? Todas as mulheres, desde as garotinhas de 10 anos até as vovós, com mais de 70!

Mesmo estando no auge da carreira, com inúmeros compromissos de trabalho, tanto no futebol como na área de publicidade, Bellini disse que não poderia deixar de visitar a menina que queria tanto conhecê-lo. Então, sem que ela pudesse sequer sonhar com isso, um dia a campainha do seu apartamento, no bairro do Leblon, tocou. Era o capitão vascaíno e da seleção brasileira. Bellini se apresentou e disse que estava lá para conhecê-la. Célia chorava e ria ao mesmo tempo, não sabia o que fazer com tanta felicidade! Foi uma emoção grande demais.

Naquele dia, com a pouca idade que tinha, a garota não teve condições de avaliar que aquela visita era uma demonstração de grande bondade. Ela só pôde compreender isso muitos anos depois. Entretanto, seus pais ficaram muito emocionados, sabiam o que representava aquela visita para a filha e imediatamente reconheceram a sensibilidade do Bellini. Ele tinha um coração generoso.

Dois anos mais tarde, Bellini e Célia se encontraram novamente, desta vez por acaso, no bairro de Copacabana, no Rio de Janeiro. Célia contou que estava prestes a fazer a segunda e última cirurgia, para tentar corrigir os efeitos da poliomielite. Ele disse à menina que, logo após a cirurgia, iria novamente à sua casa. Bellini cumpriu a promessa e, naquele dia, levou para ela uma caixa de bombons.

A jovem Célia Vaz cresceu, seguiu a carreira da música e acabou se tornando uma renomada maestrina, reconhecida nos Estados Unidos, na Europa e no Japão. Lamentavelmente, aqui no seu próprio país, Célia Vaz não encontra o mesmo reconhecimento.

Anos depois, através do contato de amigos como o colunista Ruy Castro e Carlos Alberto Afonso, da livraria Toca do Vinicius, Célia conseguiu o nosso contato, e me localizou por meio do Facebook. Ela disse que gostaria muito de poder ir à nossa casa, rever o Bellini e retribuir as visitas que ele fez a ela quando criança.

Mantivemos contato por algum tempo, e combinamos uma visita em um dia que fosse mais conveniente para ela. Para mim, foi uma emoção muito grande. Os reconhecimentos à generosidade do Bellini mexem muito comigo! Eu conheço profundamente o coração dele e sua grandeza. Todos nós de casa sabemos disso. Mas quando outras pessoas reconhecem essas qualidades dele, eu me sinto muito emocionada.

Ela chegou trazendo uma caixa de bombons, assim como ele havia feito, décadas atrás. Foi alegria, foi choro, foi tudo. Na época, Bellini já não falava mais, estava com 81 anos de idade e sua doença se encontrava em estado bastante avançado. Mesmo assim, ele sorria muito para ela. Todos nós choramos e nos emocionamos muito naquele dia. Foi realmente inesquecível.

A ocasião foi tão especial que o nosso amigo Ruy Castro, colunista da *Folha de S.Paulo*, escreveu uma emocionante crônica, intitulada "Bellini e a menina", que foi publicada no jornal no dia do meu aniversário, em 2011. Foi um lindo presente para mim e para o meu marido. A seguir, transcrevo como Ruy Castro retratou a história:

BELLINI E A MENINA
Ruy Castro
Folha de S.Paulo – 20/08/2011

Em julho de 1958, uma menina de 10 anos, sofrendo de poliomielite desde bebê, fez sua primeira cirurgia na perna. Enquanto convalescia, montou um álbum de recortes sobre seu ídolo, o homem mais bonito do Brasil, o xodó de todas as mulheres, crianças e até avós: Bellini, zagueiro do Vasco e capitão da seleção brasileira recém-campeã do mundo na Suécia. Certo dia, a porta da casa onde ela morava com sua família no Leblon se abriu, e uma visita de surpresa disse: "Boa-noite". Era Bellini.

Como? Simples. Alguém que conhecia alguém que conhecia Bellini falou-lhe da menina. Bellini tinha 28 anos e não chegava para as encomendas. Quando não estava treinando ou jogando pelo Vasco, tinha de viajar com a Copa do Mundo pelo país e levantar o caneco em festas e banquetes. Mas ele achou tempo para ver a garota, que ficou muda de emoção enquanto ele lhe contava histórias da Suécia.

Dois anos depois, em 1960, a menina encontrou Bellini na rua, em Copacabana. Ele a reconheceu e ela lhe disse que, no dia seguinte, iria fazer sua segunda (e última) cirurgia. Bellini se interessou. Dali a dias, ligou para o hospital para perguntar como estava. Ao saber que brevemente ela iria para casa, deu um tempinho e foi visitá-la de novo, desta vez levando bombons. Era assim que ele era.

Passaram-se anos. Celia se tornou a violonista, arranjadora e maestrina Celia Vaz, uma das musicistas mais completas do Brasil e com sólida reputação no Japão, na Europa e nos EUA, muito maior do que em seu país.

Sábado último, após intermediação de amigos, Celia foi a São Paulo para encontrar Bellini e sua esposa Giselda, dar-lhe um beijo e retribuir os bombons. O intervalo de mais de 50 anos — o próprio Bellini tem hoje 81 — não impediu que a emoção desandasse e as lágrimas de todos descessem pelos rostos e sobre o estojo da Kopenhagen.

Visita de Célia Vaz à nossa casa, em 2011. Um reencontro emocionante para Bellini e todos nós.

Os anos vividos no Rio de Janeiro, durante os quais Bellini jogou no Vasco da Gama e defendeu a seleção brasileira, foram os mais relevantes da sua carreira. Foi quando ele construiu sua sólida reputação como jogador e capitão. Sua liderança certamente foi crucial para os resultados obtidos durante esse importante período da sua vida, que começou com a sua ida para o Vasco, em 1952, atingiu o auge com sua participação na seleção brasileira e seguiu até a sua transferência para o São Paulo Futebol Clube, no início de 1962.

Durante esses anos, Bellini fez parte do centro dos acontecimentos no Rio de Janeiro e se tornou um ícone do imaginário popular, tanto quanto outras personalidades da época, como a tenista Maria Esther Bueno, Marta Rocha, a eterna Miss Brasil, o presidente Juscelino Kubitcheck, Vinícius de Morais e Tom Jobim.

De forma alguma pretendo comparar a grandeza de qualquer uma das pessoas aqui citadas com a importância do meu marido. Apenas gostaria de mostrar que ele fez parte de um universo de pessoas que ficaram muito conhecidas naquela época e que, de alguma forma, marcaram para sempre um período muito bonito da história do Brasil.

Aliás, uma das personalidades de mais destaque nos anos 1950, o grande escritor, jornalista e dramaturgo Nelson Rodrigues, escreveu uma crônica sobre Bellini, publicada em uma edição da revista *Manchete Esportiva*, em 1956. Nelson Rodrigues não era torcedor do Vasco da Gama, mas até mesmo sendo um "rival", torcedor do Fluminense, acabou por escrever sobre as qualidades do capitão do Vasco. Leiam a seguir a bela crônica, que foi motivo de grande alegria para o meu marido:

O Javali do Vasco – Nelson Rodrigues

"... Na crônica passada, fiz elogio de toda equipe de São Januário. Fixei, porém, mais o conjunto do que os valores individuais. Hoje, ao voltar ao assunto, ocorre-me perguntar: — quem foi, dentre os 11 jogadores cruzmaltinos, o craque decisivo? Eis um problema que justifica uma certa perplexidade. De uma maneira geral acha-se que a grande figura da equipe vascaína foi Válter. E justiça se lhe faça: — é um jogador extraordinário, que faz um futebol rápido, penetrante, objetido. Estou em que Martim Francisco pôs nos pés de Valter, a sorte de muitas batalhas. Mas eu vos digo: — se perguntassem a mim qual o craque mais representativo do Vasco, no campeonato de 56, eu indicaria outro nome. Sim, apontaria o nome e a figura de Belini. Objetará alguém que Valter, como jogador, tem mais recurso. Admito. Mas em futebol, nem tudo é técnica, nem tudo é tática. E a meu ver, o símbolo humano mais perfeito do Clube da Cruz de Malta, na jornada que passou, é Belini. Ele exprime todo o elan, toda a gana, toda a garra do seu time. Olhem, panoramicamente, o campeonato e vejam como, em todos os jogos do Vasco, o notável zagueiro foi sempre o mesmo. É o homem que vive os 90 minutos, de cada peleja, segundo a segundo. Para ele não existe pelada. Tanto faz jogar com o Arranca grama F.C., ou com o escrete húngaro. Ele não vê o adversário: — vê, sempre, o Vasco. Não se pode imaginar um jogador que se dedique mais a um jogo, que se entregue mais, que lute e se mate tanto. Plantado na defesa cruzmaltina ele se levanta como uma espécie de bastilha inexpugnável. E eu creio que um Vasco sem Belini já seria menos Vasco ou por outra: — seria um Vasco descaracterizado, um Vasco mutilado na sua flama e no seu tremendo apetite de vitória."

À esquerda: Bellini recebendo o abraço do técnico do Vasco, Grandim, após a conquista do super-supercampeonato carioca. Janeiro de 1959. À direita: Com o grande companheiro de Vasco, Almir, durante um treino coletivo em abril de 1959.

Durante um jogo do Vasco, mostrando por que cabecear era uma de suas especialidades.

DE SÃO JOÃO DA BOA VISTA PARA O RIO DE JANEIRO

Bellini foi capa e matéria de algumas das principais revistas do país nas décadas de 1950 e 1960.

BELLINI

Bellini entre os titulares do Vasco que venceram a final do Super-Super-Campeonato Carioca de 1958.

Gama - 1958

ÉCIO ORLANDO

CORONEL

CAMPEÃO - 1958

VALDEMAR PINGA

EÃO CARIOCA

FOTOMONTAGEM REPRODUÇÃO PROIBIDA

Com Mauro Ramos, em maio de 1961. No ano seguinte, Mauro substituiria Bellini na Copa do Chile.

Com o jogador Evaristo e o massagista da Seleção Brasileira, Mário Américo.

> "…eu creio que um Vasco sem Bellini já seria menos Vasco ou por outra: seria um Vasco descaracterizado, um Vasco mutilado."
>
> *Nelson Rodrigues*

3

A Copa do Mundo de 1958

Jogando no Vasco da Gama desde 1952, e conseguindo ótimos resultados, Bellini chamava a atenção da imprensa esportiva e também dos técnicos. Era um jogador que já havia consolidado a imagem de grande zagueiro — forte, robusto e, na maioria das vezes, intransponível. Por isso, em 1957, um ano antes da Copa do Mundo da Suécia, Bellini foi convocado pela CBD – Confederação Brasileira de Desportos, entidade que antecedeu à CBF no comando do futebol nacional. Ele finalmente iria vestir a tão sonhada camisa da seleção brasileira de futebol, camisa que usaria novamente por 51 vezes, até o ano de 1966, e que possibilitou a ele deixar sua marca na história.

Sob o comando do técnico Vicente Feola e tendo como principal dirigente o Sr. Paulo Machado de Carvalho, que ficou conhecido como o "Marechal da Vitória", naquele ano Bellini passou a integrar a seleção brasileira. Sua vida começou a mudar naquela ocasião. Ele passou a ser conhecido nacionalmente, seu passe foi valorizado e os compromissos públicos aumentaram.

A convocação veio por desejo expresso do técnico Feola, durante as eliminatórias para a Copa do Mundo. A estreia de Bellini na seleção brasileira aconteceu no dia 13 de abril de 1957, em um jogo contra o Peru, em Lima, valendo pelas eliminatórias para a Copa do Mundo.

A COPA DO MUNDO DE 1958

Foi uma estreia difícil, em um jogo muito disputado, que terminou em empate, de 1x1. No dia 21 de abril de 1957, oito dias depois do primeiro jogo, Brasil e Peru voltaram a se enfrentar e, daquela vez, o Brasil levou a melhor, vencendo os peruanos por 1x0. Nesse torneio das eliminatórias para a Copa de 1958, o Brasil ficou no Grupo 1, juntamente com o Peru e a Venezuela, que desistiu de competir, pouco antes do início das eliminatórias. Por essa razão, apenas Brasil e Peru estavam disputando a vaga daquele grupo. No total, as eliminatórias realizadas na América do Sul, reuniram 9 seleções, que disputaram 3 vagas para o mundial. Brasil, Argentina e Paraguai conquistaram as três vagas.

Além das eliminatórias disputadas na América do Sul (9 seleções disputando 3 vagas), houve também torneios na Europa (27 seleções disputando 11 vagas); América do Norte, Central e Caribe (6 seleções disputando 1 vaga); África e Ásia (11 seleções disputando 1 vaga). As eliminatórias para a Copa de 1958 foram bem diferentes das eliminatórias das copas anteriores, marcadas pela desorganização e grande número de

Bellini sendo recebido pelo presidente Juscelino Kubitschek e o vice presidente João Goulart, após a vitória na Suécia. Foto de 1958

seleções que desistiam da competição, na última hora. O bom resultado ocorreu devido à delegação da organização à entidades locais, como a UEFA (Europa) e o CONMEMBOL (América do Sul), que realizaram os torneios eliminatórios.

Bellini conquistou a faixa de capitão próximo ao início da Copa, durante uma série de jogos amistosos que aconteceu depois das eliminatórias. Um dos maiores responsáveis por Bellini se tornar o capitão da seleção "canarinho" foi o próprio "Marechal da Vitória", que tecia grandes elogios ao zagueiro. Entretanto, a decisão final aconteceu durante uma reunião entre o técnico Feola, Bellini, e os jogadores Zito e Nilton Santos. Bellini sempre contava que, nessa ocasião, Feola disse aos jogadores que eles deveriam escolher qual deles seria o capitão. Prontamente, Nilton Santos falou: "quem gosta de ser capitão é o Bellini". Zito concordou e, então, Bellini disse: "Se o senhor estiver de acordo, é com muita honra que assumo a função de capitanear o escrete canarinho".

Desde cedo ele já demonstrava sua vocação como líder. Como capitão da seleção brasileira, assim como no Vasco, Bellini era exigente e rígido. Não poupava os colegas em nenhuma situação que colocasse em risco o desempenho da equipe em campo.

No jogo contra a Áustria, na Copa de 1958, Bellini deu uma "dura" no colega Mazzola, que estava sentindo cãimbras. Sentado no campo, desanimado, Mazzola ouviu do capitão, em tom de ordem: "Levanta e vai jogar!". Em outro jogo daquela Copa, nem o amigo e companheiro de zaga, Orlando, foi poupado quando "abusou" da sorte e tocou de letra dentro da área brasileira. Acabou ouvindo: "Para com isso moleque!". Esse estilo duro e decidido acabava transmitindo confiança para o time todo. Ele era como um alicerce para a seleção. Segundo as palavras do colega de campo Zito, Bellini era "excepcional na liderança, um grande cara e muito sério. Todos gostavam dele".

Em uma entrevista, falando sobre a sua experiência de integrar a seleção brasileira e de ter sido o primeiro brasileiro a erguer a taça Jules Rimet, Bellini declarou: "Foi sensacional ir à Suécia em 58, ainda jovem. Ser convocado já era um prêmio. Ser titular e capitão da seleção então, nem era bom pensar. Foi uma caminhada árdua, mas a conquista do título foi qualquer coisa de fantástico! Com a taça em cima da cabeça, vi o mundo todo aos meus pés. Sabia que o Brasil todo estava conquistando pela primeira vez o Mundial e que aquela taça que eu segurava seria nossa pelo menos por quatro anos. Todos haveriam de nos respeitar".

A participação brasileira em 1958 foi inteiramente diferente das anteriores, marcadas pela falta de preparo e organização. Graças ao empresário paulista Paulo Machado de Carvalho, que chefiou a nossa delegação, a seleção brasileira teve uma organização profissional, pela primeira vez. A delegação contava até com um psicólogo, algo inédito até então. Paulo Machado de Carvalho era empresário do ramo de telecomunicações e foi o fundador da TV Record e da Rádio Record. Com a ajuda de jornalistas esportivos, ele elaborou um planejamento detalhado, objetivando levar a seleção brasileira à vitória.

Bellini aperta a mão do capitão da seleção sueca, antes do início da final da Copa do Mundo de 1958.

A equipe que disputou a Copa de 1958 tinha grandes nomes e jovens talentos, em especial, Pelé, o mais jovem do time, iniciando sua grande carreira. Além dele, Garrincha também se lançava como um dos maiores jogadores de todos os tempos, com um talento espantoso e capaz de dribles desconcertantes, que se tornaram sua marca registrada. A defesa da seleção, sob o comando de Bellini, foi a melhor da Copa, juntamente com a do País de Gales. Ambas as equipes sofreram apenas quatro gols no decorrer da competição, sendo que o Brasil jogou mais vezes. A escalação da seleção campeã foi a seguinte:

Camisa	Jogador	Posição
1	Castilho	Goleiro
2	Bellini	Zagueiro*
3	Gilmar	Goleiro*
4	Djalma Santos	Lateral*
5	Dino	Meia
6	Didi	Meia*
7	Zagallo	Atacante*
8	Moacir	Meia
9	Zózimo	Zagueiro
10	Pelé	Atacante*
11	Garrincha	Atacante*
12	Nilton Santos	Lateral*
13	Mauro	Zagueiro
14	De Sordi	Lateral
15	Orlando	Zagueiro*
16	Oreco	Lateral
17	Joel	Atacante
18	Mazzola	Atacante
19	Zito	Meia*
20	Vavá	Atacante*
21	Dida	Atacante
22	Pepe	Atacante

* Jogadores que participaram da Final.

A disputa na Suécia aconteceu entre 16 países, sendo 12 da Europa: Suécia, Alemanha Ocidental, Áustria, França, Tchecoslováquia, Hungria, União Soviética, Iugoslávia, Inglaterra, Irlanda do Norte, Escócia e País de Gales; 3 da América do Sul: Brasil, Argentina e Paraguai; e México, da América do Norte.

Ainda estava marcada na memória dos brasileiros a derrota para a seleção do Uruguai, na final de 1950. Além disso, a participação da nossa seleção na Copa do Mundo de 1954 havia sido muito fraca. Desta vez, em 1958, havia toda uma estrutura por trás da seleção, que ainda estava "recheada" de grandes talentos. As expectativas, tanto de jogadores e dirigentes como do povo brasileiro, eram muito grandes.

Em um cenário como esse, a nossa seleção entrou na Copa com muita garra e fez grandes apresentações. O Brasil ficou no Grupo 4 na primeira fase da Copa, disputando com as seleções da Inglaterra, a antiga União Soviética e Áustria.

A estreia foi ótima, 3 × 0 contra a Áustria, com dois gols de Mazzola e um de Nilton Santos. Apesar de a seleção austríaca ser famosa pela qualidade de sua defesa, a seleção brasileira conseguiu superá-la com certa facilidade, obtendo aquela importante vitória.

No segundo jogo, um empate contra a Inglaterra, 0 × 0. O empate entre as duas seleções foi o primeiro da história das Copas, o que fez com que os jogadores de ambos os times ficassem meio "perdidos" no final do jogo, sem saber se haveria prorrogação.

No centro do estádio Rasunda, levantando a taça sobre a cabeça, com as duas mãos, sendo fotografado pela imprensa internacional.

O resultado desse jogo, que aconteceu no dia 11 de junho de 1958, no Estádio Nya Ullevi, na cidade de Gotemburgo, soou como um alerta para os jogadores e comissão técnica. Como consequência, o técnico Feola colocou dois jovens jogadores que estavam no banco para jogar no terceiro jogo: Pelé e Garrincha. Pelé, já recuperado de uma contusão, entrou no lugar de Mazzola e Garrincha, no lugar de Joel. Antes de decidir as substituições, Vicente Feola conversou e ouviu as opiniões dos jogadores mais experientes da seleção, Bellini, Nilton Santos e Didi. Essa conversa fez com que surgisse o boato de que Feola teria sido pressionado para fazer aquelas mudanças.

Com isso, a nossa seleção obteve uma grande vitória contra uma das favoritas, a seleção da antiga União Soviética, por 2 × 0. O jogo contra os soviéticos foi realizado no dia 15 de junho de 1958, também no Estádio Nya Ullevi, na cidade de Gotemburgo. O Brasil jogou de maneira espetacular, com a defesa impecável e com o ataque renovado e muito eficiente. Pelé e Garrincha brilharam. A imprensa especializada não poupou adjetivos para falar dos grandes atacantes brasileiros. O desempenho dos brasileiros foi tão bom que o placar foi considerado "injusto", pois a seleção brasileira teria merecido ganhar por uma diferença mais expressiva de gols. De qualquer maneira, foi uma vitória fácil e, definitivamente, o técnico Vicente Feola havia encontrado a escalação ideal para a seleção brasileira.

Os resultados desses três primeiros jogos mostram como a defesa, tendo Bellini à frente e com Gilmar no gol, estava muito bem preparada e não sofreu nenhum gol.

Nas quartas de final, o Brasil enfrentou o País de Gales, no jogo que aconteceu no dia 19 de junho de 1958, no Estádio Nya Ullevi, em Gotemburgo. Com uma defesa fortíssima, a seleção do País de Gales dificultou muito o trabalho dos nossos atacantes. Entretanto, havia um jogador em campo que fez toda a diferença: Pelé. Responsável pelo único gol da partida, ele fez um dos gols mais bonitos da competição. Depois desse jogo, a seleção brasileira estava pronta e mostrou ao mundo um futebol inesquecível, que marcou a memória e os corações de toda uma geração de brasileiros e de fãs do futebol em todo o mundo.

A COPA DO MUNDO DE 1958

A semifinal da Copa foi uma das mais importantes partidas que a nossa seleção já disputou. O jogo aconteceu no Estádio Rasunda, em Estocolmo, no dia 24 de junho de 1958. O Brasil, com a melhor defesa da Copa, enfrentou a França, dona do melhor ataque, e que contava com um atacante brilhante, Just Fontaine, responsável por nada menos do que treze gols na competição. Fontaine é, até os dias de hoje, o jogador que marcou o maior número de gols em uma única Copa do Mundo. Contudo, a equipe brasileira dispunha de uma defesa muito forte, além de três grandes jogadores no ataque: Pelé, Didi e Garrincha. O jogo foi um verdadeiro espetáculo de futebol e terminou com um placar cheio de gols. A seleção brasileira bateu a seleção francesa por 5 × 2. Didi e Vavá foram os responsáveis pelos dois primeiros gols brasileiros, ainda no primeiro tempo. No segundo tempo, Pelé garantiu a goleada com nada menos do que três gols. Didi e Vavá completaram a goleada com um gol cada.

Novamente o Brasil chegava à final de uma Copa do Mundo. E, ironicamente, desta vez a disputa seria com os donos da casa, a Suécia. Eu digo ironicamente, pelo fato de o Brasil ter estado na mesma condição da Suécia, em 1950, quando disputou em casa a final da Copa do Mundo. Perdemos em 1950, da mesma forma que os suecos em1958.

Levantando a taça Jules Rimet no estádio Rasunda, na Suécia, fazendo o emblemático gesto que o imortalizou e sendo ovacionado de pé.

Depois de definidas as duas seleções que disputariam a final da Copa do Mundo, surgiu um problema operacional a ser resolvido: tanto a seleção brasileira quanto a sueca tinham uniformes com camisas amarelas. Até pouco tempo antes, a organização da Copa do Mudo da FIFA e de campeonatos regionais em todos os cantos do mundo, não se importavam muito com o fato de dois times ou seleções disputarem um jogo vestindo uniformes de cores iguais ou parecidas. Entretanto, uma importante mudança tecnológica que estava em curso, criou a necessidade de que sempre os times jogassem com uniformes de cores e tonalidades bem diferentes: a televisão. A Copa do Mundo da Suécia foi a segunda a ter seus jogos televisionados, não para o Brasil, mas para vários países europeus. Por essa razão, o uniforme de uma seleção deveria ter camisa clara e o da outra, camisa escura (não podemos esquecer que a televisão naquela época ainda tinha as imagens em preto e branco). Além da televisão, a filmagem da partida também seria beneficiada com as duas seleções vestindo uniformes bem diferentes.

Por essa razão, houve um sorteio na véspera da final, para que fosse decidido qual das duas seleções teria a preferência para usar o seu

Aos 28 anos, na foto oficial da vitória da seleção brasileira na Copa do Mundo de 1958.

uniforme principal. A seleção que perdesse o sorteio deveria vestir um uniforme alternativo, de preferência, com camisa de cor escura e o calção de cor clara, para contrastar com o da seleção oponente. A seleção brasileira perdeu esse sorteio e foi obrigada a criar, às pressas, o seu segundo uniforme, que é utilizado até os dias de hoje, com a camisa azul e calção branco.

As camisas azuis foram compradas em uma loja na capital Sueca, Estocolmo, e nelas foram bordados os escudos da CBD, devidamente "arrancados" das camisas amarelas, do uniforme oficial. A necessidade de jogar a final da Copa com uma camisa diferente, de outra cor, foi vista, pelos jogadores mais supersticiosos, como um sinal de que algo daria errado naquele jogo. Para tentar minimizar os efeitos dessa visão supersticiosa, Paulo Machado de Carvalho tentou colocar na cabeça dos jogadores que a cor azul era, na verdade, um sinal de boa sorte para a seleção, por se tratar da cor do mato de Nossa Senhora. A tática do Marechal da Vitória funcionou!

A partida decisiva aconteceu no Estádio Rasunda, na capital sueca, Estocolmo. Era o dia 29 de junho de 1958 e apesar do tempo nublado, a tarde não poderia ter sido mais linda para a nossa seleção.

Bellini recebe um abraço de Paulo Machado de Carvalho, na entrega da taça Jules Rimet, em 1958, na Suécia.

O público presente, de 51.800 pessoas, viu a Suécia sair na frente com um gol de Liedholm, aos quatro minutos do primeiro tempo. Naquele momento, o ânimo dos jogadores brasileiros se abateu. Bellini, de maneira solitária, caminhou até o fundo do gol e pegou a bola. Ao entregá-la para Didi, ele pediu ao meia para falar com os jogadores, "para eles não desistirem... que os brasileiros eram capazes de ser melhores do que os suecos". Didi, quando chegou ao centro do gramado, transmitiu a mensagem de força e determinação enviada por Bellini. Com dois gols de Vavá, dois de Pelé e um de Zagallo, o Brasil consegue virar e termina o jogo com o mesmo placar da partida contra a França: 5 × 2 e, desta vez, a vitória significava a tão esperada e sonhada conquista da Copa do Mundo. Finalmente, a taça Jules Rimet iria para o Brasil!

Em várias ocasiões, Bellini relatou que nunca passou por momentos tão dramáticos e intensos quanto os que viveu antes e durante a partida final daquela Copa do Mundo.

Depois da vitória, houve uma comemoração "explosiva" dos nossos jogadores. Pelé, o mais jovem do grupo, chorou como uma criança. E muitos outros, mesmo os mais velhos, também. Todos ficaram muito emocionados, incluindo o mentor da empreitada, o "Marechal da Vitória", Paulo Machado de Carvalho e toda a equipe técnica.

Mesmo perdendo para o Brasil, diante de um espetáculo tão bonito e da grande apresentação da nossa seleção, o público sueco, presente no estádio Rasunda, aplaudiu de pé os nossos jogadores.

Bellini, como capitão do grupo, sabia que ainda lhe restava mais uma tarefa, muito aguardada por todos, e que lhe traria muita honra e alegria. Na cerimônia de premiação, sob muitos aplausos, o capitão da seleção brasileira recebeu das mãos do rei Gustavo, da Suécia, a tão sonhada taça Jules Rimet. Bellini contava que a sua aparente tranquilidade escondia uma grande vontade de chorar, mas ele sabia que deveria manter a compostura e receber a taça da maneira mais digna possível. Dizia que "não queria receber a taça como um bebê chorão!". E, finalmente, aconteceu o momento mais marcante da cerimônia, o ato que ficou eternizado e que gravou o nome de Bellini de maneira única na história do futebol e do mundo esportivo.

Rodeado por dezenas de repórteres e sendo fotografado de todos os ângulos, Bellini começou a ouvir os gritos dos jornalistas brasileiros que, por não serem tão altos quanto os enormes europeus, pediam para que ele levantasse a Jules Rimet, pois não estavam conseguindo um bom ângulo para fotografá-lo com a taça nas mãos. O capitão, então, a ergueu um pouco, mas não foi o suficiente. Em seguida, ele a levantou um pouco mais e, como os seus conterrâneos ainda insistiam, decidiu levantá-la ao máximo, com uma das mãos. Por fim, devido ao peso, Bellini agarrou a taça com as duas mãos e a ergueu sobre a cabeça.

Nesse momento, o público presente no estádio ficou eufórico e aplaudiu de pé o capitão, acreditando que aquele era um gesto simbólico da vitória brasileira. Compreendendo a reação do público, Bellini manteve a posição e passou a exibir a taça para que todos a vissem, como símbolo de uma grande realização — dele e de toda a equipe brasileira. Até então, nenhum esportista havia comemorado uma vitória daquela maneira. E a partir daquele gesto, ninguém mais comemorou de outra forma.

Ao ser questionado sobre a iniciativa de ter criado o famoso gesto de segurar a taça com as duas mãos, acima da cabeça, Bellini respondeu: "Não pensei em erguer a taça, na verdade, não sabia o que fazer com ela quando a recebi do rei Gustavo, da Suécia. Na cerimônia de entrega da Jules Rimet, a confusão era grande, havia muitos fotógrafos procurando uma melhor posição. Foi então que alguns deles, os mais 'baixinhos', começaram a gritar: 'Bellini, levanta a taça, levanta Bellini', já que não estavam conseguindo fotografar. Foi quando eu a ergui". Sempre que contava essa história, Bellini achava graça de ter criado um gesto tão emblemático, sem querer. E costumava repetir: "não foi nada planejado. Os fotógrafos pediram para que eu levantasse a taça". Ele só percebeu que o gesto era grandioso quando o público o aplaudiu de pé. Deve ter sido uma experiência indescritível!

Bellini contava uma história muito interessante e engraçada, sobre um episódio que aconteceu no dia da vitória brasileira na final daquela Copa. Um dos membros da delegação brasileira, Mário Trigo, dentista da seleção, era um homem querido por todos e muito divertido. Costumava brincar, contar piadas e sempre estava bem humorado. Ainda no Estádio

Rasunda, houve o momento no qual toda a delegação brasileira teve a oportunidade de receber o cumprimento do rei Gustavo.

Enquanto o rei se aproximava, Mário Trigo perguntou aos que estavam próximos como se dizia "rei" em sueco. Como ninguém soube responder, perguntou como se dizia em inglês e foi informado que era *king*. Então, não teve dúvida: à aproximação do rei, em vez de estender a mão para receber os cumprimentos, deu-lhe um abraço, não sem antes dizer de maneira bem alegre: "vem cá, 'king'!", quebrando todo o protocolo da cerimônia, o que provocou uma gargalhada em todos os brasileiros que ali estavam. O rei apenas sorriu e aceitou os cumprimentos, não entendendo bem a atitude de Mario Trigo. Bellini contava essa história aos amigos, com muito humor, arrancando risadas de todos.

Recebendo um caloroso cumprimento de Paulo Machado de Carvalho, chefe da delegação brasileira, que ficou conhecido como o Marechal da Vitória.

Depois de vencer a Copa do Mundo de 1958, a seleção brasileira retornou ao Brasil. Quando chegaram ao Rio de Janeiro, os jogadores foram recebidos como heróis. No Aeroporto Internacional do Galeão, atual Aeroporto Internacional Tom Jobim, a seleção desembarcou em meio a gritos e aplausos, cercada por uma multidão de torcedores e jornalistas.

As comemorações duraram dias. Eles desfilaram em carro aberto e foram recebidos pelo presidente da República, Juscelino Kubitschek. A festa se estendeu pelas ruas de todo o país. Para Bellini, depois das comemorações oficiais junto aos colegas da seleção, restava voltar à nossa cidade natal, Itapira, para ser recebido como um grande herói, com direito à maior festa já acontecida na cidade até os dias de hoje, organizada pelo prefeito Caetano Barros Munhoz. O povo da cidade estava realmente muito orgulhoso do seu filho ilustre! Esse foi o dia em que eu o conheci!

No dia 13 de dezembro de 1960, dois anos depois da vitória na Suécia, foi inaugurada uma estátua em uma das entradas do Estádio do Maracanã, no Rio de Janeiro, erguida em homenagem aos campeões mundiais de 1958. A obra retrata um jogador de pé, em cima de uma grande esfera; ele carrega uma bola de futebol em uma das mãos e, com a outra, ergue a taça Jules Rimet. Apesar do rosto da estátua não ser o de Bellini, o monumento de 9 metros de altura e três toneladas ficou conhecido popularmente como "a estátua do Bellini", e assim é chamado pelos torcedores desde a sua inauguração até os dias de hoje.

Bellini chegou a posar duas vezes para o escultor Matheus Fernandes, criador da obra. Entretanto, quando a estátua foi inaugurada, todos perceberam que o rosto não se parecia com o dele. Há algumas teorias sobre o assunto e uma das mais propagadas é a de que o rosto seria o do cantor Francisco Alves, um dos cantores mais populares da época e de quem o empresário Abraham Medina, patrocinador do monumento, era um grande fã.

No dia da inauguração da estátua, Bellini e Orlando, os heróis da conquista da Suécia, estavam lá representando todos os jogadores. Bellini fez um pequeno discurso, e foi muito aplaudido. A cobertura jornalística, na época, feita pelo *Jornal dos Sports*, registrou as palavras do meu marido, transcritas aqui:

"Não há palavras que traduzam o nosso contentamento de que me vejo possuído e que deve emocionar todos aqueles que formaram a seleção nacional de 58. A emoção é forte demais para que em um momento como aqui vivemos possa encontrar as palavras adequadas e resta-nos apenas dizer as que nos vêm espontaneamente, com sinceridade. De qualquer maneira, nisto que denomino mais um desabafo pessoal, posso dizer que a iniciativa de particulares calou profundamente entre tantas as que nos foram endereçadas quando visou erguer esse monumento. Ele ficará para sempre diante de milhares de olhos e ao mesmo tempo que lembrará o feito da Suécia, servirá de incentivo para que feitos idênticos sejam alcançados pelos jogadores de football [na época, ainda se usava muito a grafia em inglês] da nossa terra. Repito: calou profundamente na alma dos scretchmen [termo de origem inglesa que significa "integrantes do time"] a inauguração desta obra que o "Jornal dos Sports", o Rei da Voz e a Standard Electric em tão boa hora doaram à nossa cidade. Eu, de coração, somente posso acrescentar o meu muito obrigado e pedir a Deus para que muito possa fazer pelo Brasil."

Estátua em homenagem aos campeões mundiais — a "Estátua do Bellini", inaugurada em 1960.

De qualquer forma, na verdade, não faz a menor diferença de quem seria o rosto da estátua, pois ela retrata o momento maior da conquista da Copa de 1958, eternizado pelas mãos do Bellini. Aquele belo monumento é uma merecida homenagem ao meu marido e a todos os campeões de 1958. Depois da conquista do bicampeonato, em 1962, a inscrição que havia na estátua "Brasil 1958", foi mudada para "Brasil 1958-1962", como uma forma de estender a homenagem também aos campeões de 1962.

Para todos os que visitam ou frequentam o Maracanã, ou moram nas redondezas, a "estátua do Bellini", como é conhecida, continuará sendo um dos mais famosos pontos turísticos da Cidade Maravilhosa!

———

O presidente Juscelino Kubitscheck condecora Bellini após o retorno da Suécia.

O técnico Vicente Feola segura a taça Jules Rimet, juntamente com Bellini e o goleiro Gilmar.

A vitoriosa Seleção Brasileira de 1958 — fim do trauma de 1950. Da esquerda para a direita, *em pé*: O técnico Vicente Feola, Djalma Santos, Zito, Bellini, Nilton Santos, Orlando e Gilmar. *Agachados*: Garrincha, Didi, Pelé, Vavá, Zagallo e o preparador físico, Paulo Amaral.

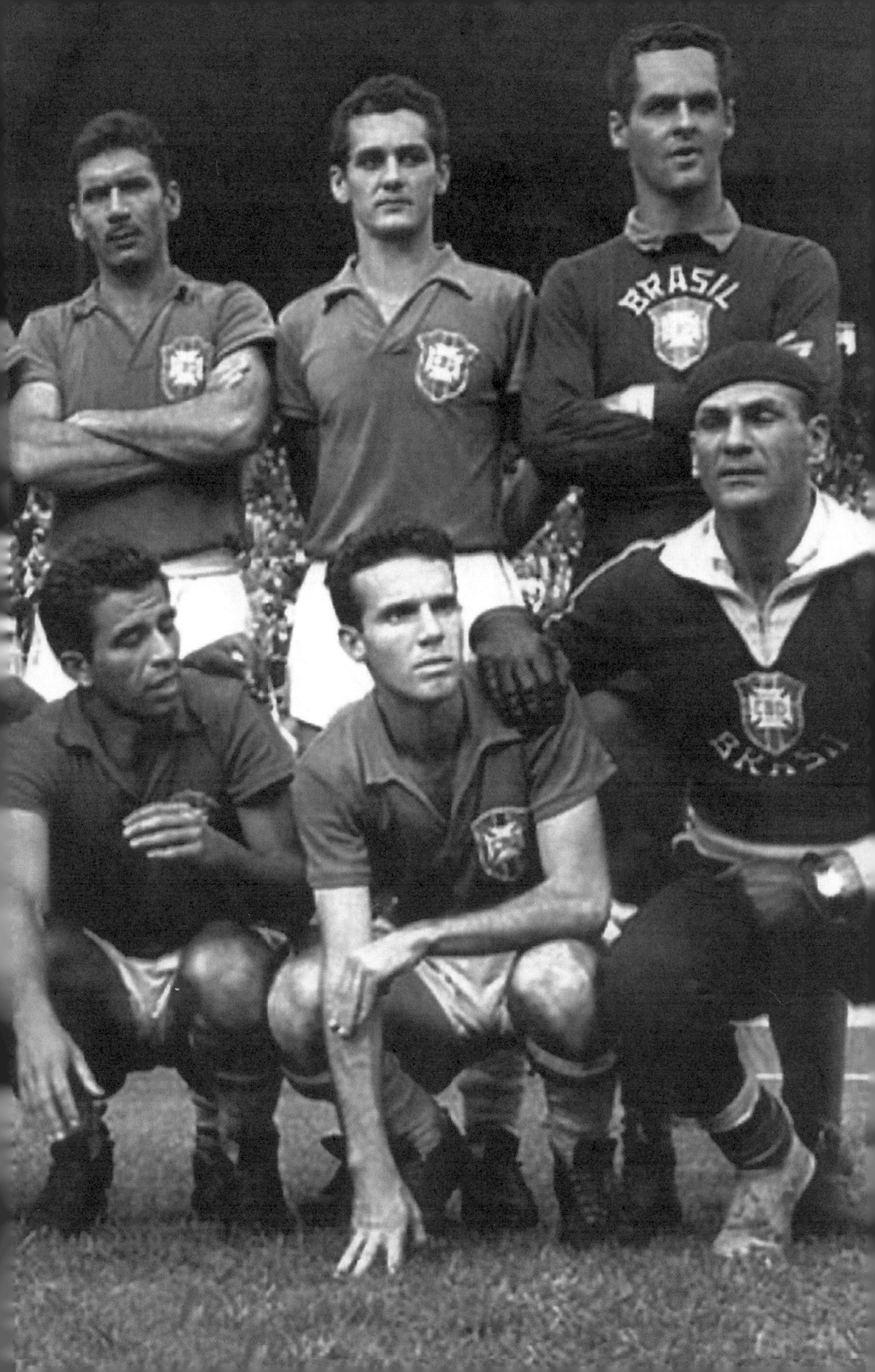
BRASIL

A COPA DO MUNDO DE 1958

À esquerda: Foto da capa da revista *O Cruzeiro* — Bellini e a Miss Brasil de 1958, Adalgisa Colombo.
Abaixo: Bellini com os pais, Hermínio e Carolina, em Itapira, ao retornar vitorioso da Copa do Mundo, em 1958.

> "Não pensei em erguer a taça, na verdade, não sabia o que fazer com ela quando a recebi do rei Gustavo, da Suécia."
>
> *Bellini*

4

Namoro, noivado e casamento

Eu nunca havia ouvido falar do Bellini até pouco antes de completar 14 anos de idade.

Era 7 de junho de 1958, um dia antes do início da Copa do Mundo da Suécia. Eu morava na cidade de Itapira, numa usina de açúcar e álcool, cujo proprietário, Virgulino de Oliveira, era tio do meu pai, que trabalhava como gerente comercial e tinha uma participação minoritária. A Usina de Açúcar e Álcool Virgulino de Oliveira foi a minha casa até o dia do meu casamento.

O lugar ficava a três quilômetros da cidade, realmente muito perto. Naquele dia, eu cheguei em casa falando para a minha mãe que todos na cidade estavam comentando sobre um "tal" de Bellini. "Mas quem é esse Bellini?", perguntei. Ela me disse que seria melhor eu conversar com o meu irmão Geraldo, que era cinco anos mais velho do que eu, ou com o meu pai, pois eles saberiam contar a história toda. Eles não estavam em casa e eu não via a hora de eles chegarem; queria acabar logo com a minha curiosidade e saber quem era esse Bellini.

Mais tarde, quando meu irmão chegou, ele me contou que Bellini era um jogador do Vasco, capitão da seleção brasileira, que ia participar do primeiro jogo da Copa do Mundo no dia seguinte, na Suécia, e que era de Itapira. Eu fiquei perplexa. "Como assim, de Itapira, se eu nunca o vi por aqui?". Meu irmão explicou que provavelmente eu nem tinha nascido, ou no mínimo era muito pequena quando Bellini saiu de Itapira para jogar futebol profissional. Fazia sentido, pois eu tinha apenas 13 anos, enquanto Bellini tinha 28 anos de idade.

Saber que ele era da cidade aguçou a minha curiosidade. Então, perguntei: "Se ele nasceu em Itapira, tem família aqui?". Geraldo respondeu que sim e que a Diva e o Hélio, conhecidos nossos, eram da família dele. "Mas o que eles são do Bellini?", continuei. Ele disse que o Hélio era cunhado do Bellini e que a Diva, sua esposa, era irmã do jogador; que toda a família morava em Itapira e que só ele morava no Rio de Janeiro, pois estava jogando no Vasco. Então, eu quis saber como ele era.

Quando vi sua foto, achei o homem mais lindo do mundo! Soube que era considerado o jogador mais bonito da seleção e do Vasco. Eu fiquei feliz em saber que ele era itapirense e torci muito por ele na seleção. Depois

Bellini e eu em Itapira-SP, em 1961.

de descobrir toda a história, fui à loja de calçados da Diva e do Hélio. O cunhado tinha o mesmo tipo físico do capitão da seleção, era alto, e até os olhos tinham a mesma cor que os de Bellini. Para mim era muito mais fácil associar o Hélio como irmão do Bellini do que a Diva. Nessa época, acabei me aproximando mais deles. Curiosidade de menina!

Em 1958, os jogos eram transmitidos pelo rádio (a primeira Copa do Mundo transmitida pela TV, no Brasil, foi a de 1970) e as revistas, como a *Manchete* ou *Cruzeiro*, publicavam reportagens com fotografias dos jogadores. Fora isso, era possível vê-los no cinema, em cinejornais como o *Canal 100*, *Primo Carbonari* e *Repórter Esso*.

Com Bellini, o itapirense, o Brasil se tornou campeão e foi uma festa em Itapira! A cidade inteira acompanhou as transmissões dos jogos.

Todos acompanhavam os jogos e torciam, desde crianças até os mais velhinhos. Se a vitória foi uma festa em todo o Brasil, imagine em Itapira!

O prefeito na época, Caetano Barros Munhoz, preparou uma grande recepção para quando o "filho ilustre da cidade", voltasse da Copa. A maior festa que Itapira já viu.

Quando Bellini voltou da Copa, sua família foi convidada pela revista *Manchete* para ir ao aeroporto do Galeão recepcioná-lo.

A ocasião era absolutamente festiva e familiares de todos os jogadores estavam presentes. E lá estavam o Sr. Hermínio e Diva, sua irmã. A mãe não foi porque tinha medo de viajar de avião.

Enquanto familiares, imprensa e torcedores aguardavam a chegada da Seleção Brasileira, apareceu uma moça, uma *socialite* carioca, que chegou dizendo ser a noiva do Bellini. Armou uma confusão danada e acabou entrando, para tentar se aproximar do capitão, mas não conseguiu. Entretanto, assim que desembarcou, a imprensa questionou Bellini sobre essa suposta noiva. Ele disse que não conhecia ninguém no Rio e que se quisessem arranjar uma noiva para ele, teria que ser a sua namorada, com quem ele estava havia pouco tempo. Aproveitando o comentário, a imprensa divulgou que Bellini tinha uma noiva. De fato, depois disso, ele acabou ficando noivo da moça, mas por pouquíssimo tempo.

Depois de ser recepcionado pelo povo no Rio de Janeiro, recebido no Palácio do Catete pelo presidente da República, Juscelino Kubitschek,

Bellini finalmente foi para Itapira, onde era aguardado ansiosamente por todos os parentes, amigos e fãs. A recepção foi digna de um herói. O prefeito, os políticos e empresários, todos queriam dar os parabéns ao mais ilustre filho da cidade. Foi uma festa de grandes proporções oferecida pela prefeitura. E foi assim que eu o conheci, nessa festa maravilhosa. Não conversei com ele, nem cheguei a me aproximar, mas tive a oportunidade de ver de perto que ele era um homem lindo e também me pareceu muito simpático.

No dia seguinte, a convite do meu tio e do meu pai, ele foi conhecer a usina. Ele nunca havia ido até lá e a visita, de certa forma, fazia parte da recepção ao capitão da seleção brasileira. Eu era apenas uma menina tímida, o que em parte justifica que o meu primeiro contato com Bellini tenha sido um verdadeiro "mico". Ao ser apresentada a ele, meu pai pediu para que eu tocasse piano, como se quisesse "exibir" a filhinha para o ilustre convidado. Minha nossa! Eu teria que tocar piano? E justo para o Bellini? Para mim, um vexame de primeira! Algum tempo depois, ele disse que havia ficado encantado na ocasião, ao me ver tocar. Mas eu nunca acreditei muito nisso. Até hoje acho que ele apenas quis ser gentil comigo.

No final do ano de 1959, Bellini voltou a Itapira para passar o Natal com a família, e não estava mais noivo. Em janeiro de 1960, nós nos reencontramos num "*footing*" na cidade. Para quem não conhece, esse era e ainda é um costume bem comum nas cidades do interior de São Paulo, uma forma de moças e rapazes se conhecerem. Os rapazes ficam caminhando, normalmente, ao redor de uma praça ou do coreto da cidade, enquanto as moças giram no sentido oposto. Quando surge algum interesse, os rapazes "mudam de lado", e passam a caminhar e conversar com as garotas.

Nesse dia, Bellini estava caminhando com um amigo e eu, com duas amigas, Susana e Carmem. Eu estava com um vestido rosa, justo, de salto alto e cabelo preso. Bellini perguntou ao amigo quem era a moça de vestido rosa e o jovem disse que era eu. Ele não acreditou que pudesse ser a mesma menina que havia tocado piano para ele há um ano e meio. Naquele sábado, ficamos na troca de olhares. No dia seguinte, eu e minhas amigas estávamos novamente "girando" pela praça, quando ele veio conversar comigo. Depois disso, passamos uma semana nos encontrando, fomos ao cinema e a um baile que aconteceu no final de semana seguinte. Ficamos o tempo todo juntos. Mas Bellini precisava voltar para o Rio de Janeiro, afinal, ele trabalhava como jogador do Vasco da Gama. E assim foi. Achei que minha vida iria continuar a mesma...

Em março daquele mesmo ano, 1960, eu estava para iniciar o curso clássico em Campinas, em um colégio interno, pois não havia um equivalente em Itapira. O clássico era a opção de curso médio mais indicada para quem queria cursar uma faculdade na área de humanas, e eu pretendia estudar Direito na São Francisco, faculdade da Universidade de São Paulo. Era um sonho que eu tinha, de ser a primeira advogada de Itapira.

Já estava com o enxoval pronto para ficar interna no Colégio Sagrado Coração de Jesus. Foi então que uma carta mudou toda a minha vida.

Alguns dias após voltar para o Rio de Janeiro, Bellini viajou com o Vasco para o Chile. No avião, atravessando a Cordilheira dos Andes, ele escreveu para mim. Na carta, que eu tenho guardada até hoje, dizia que nunca nenhuma mulher havia despertado nele um sentimento tão grande e ele não queria esperar chegar ao Chile para escrever para mim, mas iria postar a carta assim que chegasse lá. Terminava dizendo que gostaria que o nosso namoro permanecesse em sigilo, pois havia terminado seu noivado recentemente.

Quando li aquilo, tive uma "batedeira" no coração, um descontrole emocional tão grande que eu ainda me lembro da sensação. Isso aconteceu por uma série de fatores. Como eu poderia estar namorando aquele moço lindo e maravilhoso? Ele morava tão longe! Havia a diferença de idade e eu nunca tinha namorado. Além disso, eu achava que o meu pai não iria me deixar namorar, nunca! O que eu iria fazer?

Depois do "susto", veio uma enorme felicidade por saber que aquele homem lindo estava me namorando e eu nem sabia. Havia uma série de problemas a serem resolvidos, mas eu fui resolvendo, um a um.

Eu estava prestes a ir para um colégio interno em Campinas e não poderia encontrá-lo quando ele fosse a Itapira. Decidi conversar com minha mãe e dizer que eu não queria mais ser advogada. "Eu não quero mais ir! Pode desfazer o meu enxoval!", afirmei, com toda a convicção do mundo. Nem me preocupava em saber se as toalhas e as roupas de cama, entre tantas outras coisas, não teriam uso se eu não fosse para o colégio interno. Disse para minha mãe que não queria ir porque, seu eu fosse, não poderia namorar o Bellini e, se ficasse em Itapira, poderia fazer o curso de magistério, disponível na cidade e um dos mais procurados pelas moças. Com isso eu teria uma profissão. Naquela época, para o ensino médio, os estudantes tinham três opções: clássico, científico ou magistério, e quem se formava em magistério saía com o diploma de professora.

Eu praticamente "joguei" para a minha mãe o problema do namoro, dizendo que o meu pai *precisava* me deixar namorar o Bellini. Minha mãe, muito compreensiva e carinhosa, disse que se eu realmente queria namorá-lo, ela falaria com o meu pai. Era assim naquela época!

Depois de conversar com a minha mãe, meu pai disse que permitiria o meu namoro, mas com uma condição: eu teria que continuar estudando. Foi impressionante. Em apenas um dia foram resolvidos todos os empecilhos para que eu pudesse namorar o Bellini!

E foi assim que começamos a namorar. Bellini chegou do Chile com presentes, e seguiu para Itapira; uma viagem demorada, em razão das péssimas condições das estradas na época. Depois disso, sempre que conseguia uma brecha, ele ia a Itapira para me ver.

Desde a segunda vez em que conversamos, ele passou a me chamar do mesmo modo como eu era tratada em casa, "Gisa". Já eu, sempre o chamei de Bellini, apesar de todos da família o chamarem de "Lado" (apelido que veio do seu nome, Hideraldo).

Alguns meses depois, quando eu estava prestes a completar 15 anos, resolvi ligar para ele. Normalmente, nós mantínhamos contato por carta, pois as ligações telefônicas, naquela época, eram muito difíceis. Mas como eu estava muito ansiosa, não aguentei esperar. Ele estava em pleno campeonato Rio-São Paulo.

Eu queria saber em qual dia ele iria jogar em São Paulo no mês seguinte, e quando poderia ir a Itapira. Expliquei que no dia 20 de agosto seria meu aniversário, mas eu queria fazer a festa somente quando ele pudesse estar presente. Ele ficou surpreso em saber que eu ainda fazia "festinhas" de aniversário. Eu argumentei que seria uma data especial, pois era o meu aniversário de 15 anos e meu pai faria uma grande festa, e eu fazia questão da presença dele. Bellini ficou mais surpreso ainda, e exclamou, chocado: "Você só tem 14 anos! Eu pensei que tivesse 18!".

Depois do susto, ele conversou comigo num tom de tristeza e decepção, dizendo que com essa grande diferença de idade, quase quinze anos, ele não se sentia meu namorado, pois podia até ser o meu pai. Disse também que eu não conhecia nada da vida e que ele tinha praticamente vivido uma vida toda a mais do que eu, que era de uma geração anterior à minha. Foi então que ele partiu o meu coração, ao dizer: "que pena... mas eu não posso continuar o namoro com você. Não seria correto. Em respeito a você e a sua família, eu dou por fim o romance." Eu até tentei falar alguma coisa, fazer com que ele mudasse de ideia, mas foi em vão.

Minha festa de aniversário de 15 anos aconteceu, como queria o meu pai, mas para mim, foi um verdadeiro velório.

Logo em seguida, eu escrevi uma carta para Bellini, dizendo que ele estava enganado, equivocado em relação a mim. Que mesmo com pouca idade, sem ter conhecido o amor e sequer ter tido um namoradinho, eu gostava muito dele, apesar de tudo que ele havia dito. Eu realmente era muito nova e meu pai nunca havia permitido que eu namorasse antes. Disse também que eu sempre havia sido uma menina focada nos estudos, fazia balé, pintura em porcelana, aulas de piano, lia muito e não costumava ir a festas. Na carta, admiti que realmente ainda não conhecia a vida, por ter pouca idade. E finalizei, dizendo: "você não é obrigado a acreditar nas minhas palavras, mas eu queria dizer isso do fundo do coração. Eu estou muito triste e não sei quando esse amor vai acabar. Lamento profundamente".

Ele respondeu minha carta. Escreveu dizendo que realmente havia se equivocado, porque me imaginava uma mulher de 18 anos, com quem ele queria noivar no final do ano, e se casar no ano seguinte, afinal, ele já estava com quase 30 anos, numa época em que todos se casavam ainda jovens. Na carta, apesar de manter o fim do nosso namoro, ele teceu mil elogios a mim. Depois de receber essa carta, eu não escrevi mais.

Nós ficamos sem ter contato por três meses. No início de dezembro de 1960, ele ligou. Conversamos bastante. Ele perguntou como eu estava, se eu tinha arranjado um namorado ou conhecido alguém. Respondi que estava muito triste, que tão cedo não ia querer saber de namorar e, na inocência da minha juventude, falei que não sabia se um dia eu conheceria alguém ou namoraria novamente. Eu estava desolada, ainda gostava muito dele. Disse também que ele não deveria ter telefonado, porque isso iria me deixar mais triste ainda. Eu não pretendia ser sua amiga e se ele estivesse ligando com essa intenção, eu não queria.

Mas ele disse que não havia telefonado para isso. Só queria dizer que durante esse tempo não houve um só dia no qual ele não pensasse em mim e em ter uma vida ao meu lado. "Eu sou um homem conservador, tradicional", disse, "para mim, casamento é uma vez só, é amar apaixonadamente uma mulher, para o resto da vida, e sei que eu teria isso com você apenas por um certo período e continuo pensando dessa forma".

Então, começou a falar algumas coisas sobre mim. Disse que, apesar da pouca idade, eu era uma moça muito amadurecida, profunda, enfim, me colocou lá em cima! Disse também que, quando me conheceu melhor, pensou: "é essa mulher que eu quero". Falou até que se encantou comigo desde o momento em que toquei piano para ele!

Então, ele citou uma frase, comum nos dias de hoje, mas raríssima naquela época: "Você é a mulher da minha vida...", e continuou, "...pelo tempo que você quiser ficar comigo, eu quero ficar com você. Então, eu quero saber se você quer ser minha noiva, para eu levar as nossas alianças, agora, no Natal!".

Como era possível, um homem daqueles, falar isso para mim? Isso é coisa que só se vê em filmes e novelas! Eu não conseguia acreditar!

"O quê? O que você está dizendo, Bellini? Eu não estou entendendo nada! Repete esse final!". Eu queria ter certeza de que havia entendido bem o que ele havia dito. Então, ele repetiu: "Eu quero saber se você quer ser minha noiva, se você quer se casar comigo. Quando eu for a Itapira para o Natal, eu falo com o seu pai, e levo as alianças.". Novamente, o meu coração disparou! Era a segunda vez na vida que eu senti o coração disparado. O que a emoção faz conosco!

Ele chegou em Itapira na época do Natal e foi conversar com o meu pai. Meu pai disse que não iria se opor ao noivado nem ao casamento,

Bellini e eu em um baile de carnaval em Itapira-SP, em 1961, pouco tempo depois de começarmos o nosso namoro.

mas sua única exigência era que eu terminasse o magistério antes de casar. Eram três anos de curso, do início de 1960 até o final de 1962.

E assim foi... ele comunicou a novidade à família, e no dia 23 de dezembro de 1960, o nosso namoro começou "oficialmente". Ficamos noivos durante os anos de 1961 e 1962, e planejávamos nos casar em dezembro, mas por motivos alheios à nossa vontade, o casamento só aconteceu no final de janeiro de 1963.

Depois do início do namoro, a minha vida não mudou muito, pois Bellini passava relativamente pouco tempo em Itapira. Durante a época de namoro e noivado, ele não costumava comentar muita coisa sobre o trabalho. Ele ia para Itapira nos finais de semana em que conseguia uma folga, e tínhamos pouco tempo para namorar. Namorar naquela época era bem diferente dos dias de hoje, especialmente em uma cidade do interior, como Itapira. Era só namoro em casa, cinema e família. Quando víamos, acabava o namoro da semana. E foi assim, até o nosso casamento.

A partir do dia em que começamos a namorar, eu não quis saber de mais nada, nem de festinhas nem de novas amizades. Eu quase não tive juventude. Comecei a namorar muito cedo e era com um homem, não um garoto da minha idade. Um homem idolatrado, lindíssimo e muito sério. E ele foi o único.

Todos os dias, depois do colégio, eu sempre passava na loja da Diva. Minha sogra estava sempre lá, mas não costumava falar muito, e eu acabava conversando mais com a Diva. Já o meu sogro, eu nunca via. Ele ficava em casa e saía muito pouco. Eu passava sempre ao meio-dia e ficava lá uns quinze minutos, até pegar a condução que me levava para a usina.

Um dia, em uma dessas minhas passagens, acabei encontrando o meu sogro por lá, mas ninguém nos apresentou. Até então, eu só o conhecia de vista, na cidade. No dia seguinte, minha cunhada contou que havia falado para o Sr. Hermínio que eu era a namorada do Lado. Fazia uns dois meses que havíamos começado a namorar.

Eu nunca cheguei a conversar com o meu sogro. Ele morreu pouco tempo depois do início do nosso namoro e não teve a felicidade de ver o filho casado.

Durante o meu tempo de namoro e noivado, eu pude ter uma boa convivência com Dona Carolina, que morava com a Diva.

Nas minhas visitas diárias à casa da minha cunhada depois do colégio, eventualmente, eu ficava para almoçar. E minha sogra cozinhava divinamente! Era um encanto de pessoa.

Entretanto, poucos meses depois que eu e Bellini nos casamos, ela adoeceu gravemente, desenvolvendo um câncer no pulmão, de rápida evolução. Dona Carolina faleceu em setembro de 1963. Estávamos completando oito meses de casados, e ela não teve a felicidade de conhecer a neta, Carla, que nasceu dois meses depois, em novembro.

Nosso relacionamento permaneceu anônimo por um bom tempo. Demorou para que descobrissem que Bellini tinha uma namorada, pois ele quase não saía, nem era visto com mulheres. A imprensa, sem poder comprovar nada, dizia que existia uma namorada "secreta". Mas ninguém sabia quem eu era e a mídia só podia especular. Em Itapira, porém, todos sabiam e lá ele podia, orgulhosamente, usar sua aliança, pois estava longe dos holofotes da imprensa do Rio e de São Paulo.

O nosso noivado foi bem complicado, pois em 1961 e 1962 ele ainda estava no Rio, jogando pelo Vasco. Quando os jogos aconteciam em São Paulo, eu viajava para encontrá-lo, e ficava hospedada na casa da sua irmã, Maria.

No final de 1961, Bellini estava muito desgostoso com seu trabalho. Não com o Vasco, um time que ele venerava e no qual sempre recebeu o devido reconhecimento. Mas havia o lado emocional e pessoal. Estávamos sempre muito distantes um do outro, ele sentia a minha falta, mas não podíamos ficar juntos com frequência.

Nessa época, o São Paulo Futebol Clube entrou em contato com o Vasco e fez uma oferta pelo passe do Bellini. Assim que soube da proposta, ele rapidamente informou a diretoria do Vasco que gostaria muito de ir para o São Paulo. Na ocasião, fez questão de deixar claro que desejava ficar mais próximo da noiva, que morava no interior do estado, mas não citou a cidade nem deu maiores detalhes. Mesmo sendo pressionado para contar mais sobre sua noiva, ele não falou. Bellini era realmente muito reservado.

Assim, no início de 1962, ele começou a jogar no São Paulo, passando a viver na capital paulista. Por uma grande coincidência, da

NAMORO, NOIVADO E CASAMENTO

Em 1962, ainda noivos e a poucos meses do nosso casamento.

Bellini e eu na Usina Nossa Senhora de Aparecida, em Itapira, onde eu nasci e morava com a minha família. Fevereiro de 1962.

mesma forma que ele fora contratado pelo Sanjoanense para substituir o zagueiro Mauro Ramos, desta vez, Bellini o substituiria no São Paulo. Finalmente tudo caminhava bem para nós, e decidimos marcar o nosso casamento para o dia 22 de dezembro, dez dias depois da minha formatura no magistério.

No carnaval daquele ano, Bellini aproveitou o feriado e foi para Itapira, para passarmos alguns dias juntos. Nessa época, seu carro ficava na cidade, pois em São Paulo ele costumava sair muito pouco. Como eu morava na usina e ele ficava na casa da família, no centro, o carro era muito mais útil ali.

Estávamos passeando de carro pela cidade, quando fomos abordados por um veículo com um motorista, um fotógrafo e dois repórteres. Eles se apresentaram em nome do jornal *Última Hora*, de São Paulo. O repórter, Amauri Medeiros, era um grande jornalista na época, e disse que estava em Itapira para fazer uma entrevista com o capitão da seleção brasileira.

O tema da matéria seria "Bellini descansando no interior para o bicampeonato mundial". Entretanto, quando o jornalista nos viu juntos e notou as nossas alianças, perguntou: "Quem é a linda jovem no seu carro?". Sabendo que eles facilmente descobririam sobre o nosso noivado, perguntando a qualquer pessoa na cidade, Bellini viu que não adiantaria tentar enganá-lo. Então, respondeu: "É a minha noiva". O jornalista prontamente retrucou: "Uma noiva secreta?". Bellini completou, dizendo que iríamos nos casar no final do ano.

Em seguida, o jornalista perguntou onde poderia realizar a entrevista. Eu sugeri a usina, e para lá fomos. Depois da descoberta da "noiva secreta do Bellini", imaginem como foi a matéria que, para a época, estava mais para um furo jornalístico. Eu ainda tenho guardada essa reportagem, pois foi a primeira vez que eu fui mencionada publicamente.

Na matéria, o jornalista diz: "...fomos a Itapira para fazer uma matéria com o Bellini, mas, chegando lá descobrimos que havia uma pessoa muito importante na vida do capitão da seleção, a noiva nunca antes revelada, e o nosso editor não nos perdoaria se deixássemos isso de lado". Para matar a curiosidade do público, a matéria falava muito sobre mim e mostrava fotos de nós dois juntos, na usina.

A partir do momento em que o público ficou sabendo do nosso noivado, Bellini passou a usar sua aliança.

Depois disso, eu passei a ir aos estádios eventualmente com meus pais, para ver o Bellini jogar, sempre que as partidas aconteciam em São Paulo. Depois daquela reportagem, não havia mais motivos para esconder o nosso noivado.

Ainda nesse ano, Bellini se consagrou bicampeão mundial, com a vitória da seleção brasileira na Copa do Mundo do Chile.

Nessa época, já estávamos em plenos preparativos para o casamento, e Bellini decidiu comprar um apartamento na Avenida Paulista, na zona sul de São Paulo. Eu não pude conhecer o meu futuro apartamento, pois meu pai não me deixava ir a São Paulo desacompanhada. Bellini cuidou sozinho da decoração. Depois, tirou muitas fotos e mandou para mim. Eu só tive a chance de conhecer a nossa residência ao chegar da lua-de-mel.

O apartamento era maravilhoso, ficava no 22º andar, e tinha uma vista impressionante. O prédio, chamado Edifício Pauliceia, ficava ao lado da TV Gazeta, no coração da Avenida Paulista. Era todo envidraçado, e tinha uma barra de aço na altura da cintura, como segurança. O único problema era que eu nunca havia saído do térreo e fui direto para o 22º andar! Resultado: dormi no apartamento menos de vinte noites, nos cinco meses em que moramos lá.

Finalmente, chegamos em dezembro de 1962. O mês mais importante da minha vida, pois seria o mês da minha formatura do magistério e, especialmente, o mês do meu casamento. Entretanto, um acontecimento trágico faria com que aquele mês ficasse marcado na minha memória e na do Bellini, para sempre, de outra maneira.

No dia 13 de dezembro de 1962, um dia após eu ter recebido o diploma do magistério, e a nove dias do meu casamento, o meu tio, sócio do meu pai na usina, morreu tragicamente em um acidente com seu avião, um Cesna. E com ele, além do piloto, estava o prefeito, Antonio Caio. Eles estavam indo a São Paulo, para uma audiência com o governador Carvalho Pinto. O piloto, Tito, era considerado um ótimo profissional, e tinha mais de 50 mil horas de voo. Eu gostava muito dele, era de absoluta confiança. O avião caiu logo depois da decolagem, ainda na usina, e morreram os três.

Após o nosso casamento, em 30 de janeiro de 1963.

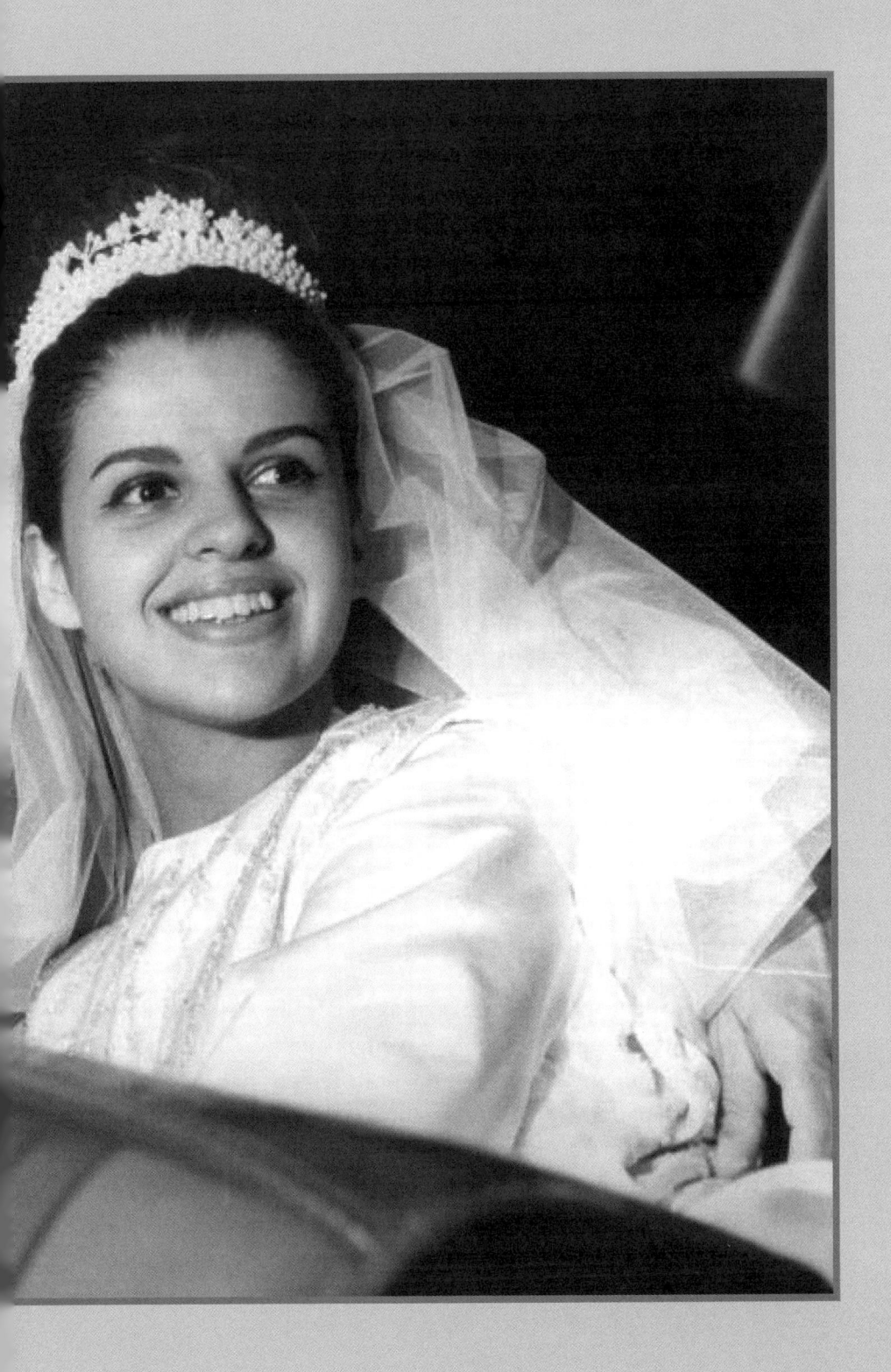

Com a morte do meu tio, não pudemos nos casar em dezembro, conforme o planejado, pois a nossa família ficou de luto. O casamento só aconteceu no mês seguinte, mesmo com a família ainda abalada.

Depois de adiarmos o casamento, Bellini foi para a capital, pois no dia 5 de janeiro de 1963 o São Paulo faria uma excursão para jogar em alguns países da América do Sul. Era uma série de jogos realizados na Colômbia, Peru e Argentina. A programação previa o retorno do time no final daquele mês. Com isso, remarcamos a cerimônia para o dia 30 de janeiro, no dia da sua chegada. Eu não dei a ele nem um dia sequer para descansar antes do casamento!

O avião que trazia os jogadores do São Paulo desceu em Viracopos, na cidade de Campinas. Um motorista o aguardava no aeroporto, às 6 horas da manhã. O casamento civil foi ao meio-dia. Em seguida, tivemos a um almoço para a família e os padrinhos e, no início da noite, foi a cerimônia religiosa. Por ainda estarmos de luto, não houve festa.

Depois do casamento, fomos para a nossa lua-de-mel, na cidade de Serra Negra, uma estância hidromineral não muito longe de Itapira. Decidimos por um destino próximo, pois teríamos apenas uma semana juntos, antes do São Paulo começar a disputar campeonato seguinte.

Após a lua-de-mel, seguimos para São Paulo e eu, finalmente, pude conhecer o nosso apartamento. Quando entramos, eu quase desmaiei! Não conseguia chegar nem perto das janelas, era muito alto! O apartamento era lindo, mas eu nunca me acostumei com a altura. No edifício, moravam também algumas pessoas conhecidas da época, entre elas, o ilustre morador do sétimo andar, Roberto Carlos.

Ainda em janeiro de 1963, meu pai decidiu vender a parte dele na usina e mudar-se para São Paulo com a minha mãe. Eles compraram um apartamento no bairro de Higienópolis, em um prédio recém-construído, e foram um dos primeiros moradores do local. Tempos depois, resolvemos adquirir um apartamento no mesmo prédio, e nos mudamos para lá.

Como Bellini ficava bastante tempo em concentrações e viajando, eu acabava dormindo muito no apartamento dos meus pais, que era no primeiro andar, o que me deixava mais à vontade. Muitas vezes, mesmo quando meu marido voltava, acabávamos ficando no apartamento dos meus pais por alguns dias.

Nessa época, o meu irmão mais velho ia se casar e meu pai deu a ele um apartamento. Como meu pai achava que deveria dar um imóvel para cada filho, e sabia que eu não havia me adaptado bem ao meu apartamento na Av. Paulista, ele decidiu conversar com o meu marido e fazer uma proposta. Ele compraria o apartamento vizinho ao dele, no mesmo andar, e daria para nós.

Bellini disse que não poderia aceitar porque, quando nos casamos, eu concordara em viver com o que ele pudesse oferecer. Pediu a compreensão do meu pai e recusou a proposta. Nessa ocasião, eu já estava grávida da Carla e queria muito morar ao lado dos meus pais. Então, eu sugeri a ele que vendesse o apartamento da Av. Paulista, pois aí poderíamos comprar juntos o apartamento novo: ele daria a parte dele e eu daria a minha.

Bellini aceitou a ideia, e a compra não chegou nem a ser meio a meio, pois a minha parte acabou sendo menor do que a dele. E foi assim que nos mudamos para o apartamento ao lado dos meus pais, que foram nossos vizinhos por trinta anos. Quando eles já estavam bem idosos, decidiram se mudar para um outro apartamento que ficava próximo, onde moraram até o fim da vida.

Desde o início da vida de casados, eu tive que aceitar e compreender a necessidade de todos os compromissos profissionais do meu marido, o que me permitia ficar apenas dois dias da semana com ele. Isso não foi um grande problema para mim, pois eu já casei sabendo o que me esperava. Só que, além disso, eu precisava conviver com algo que era muito mais difícil de aceitar: o assédio feminino, que era uma coisa monstruosa!

O assédio de fãs, de uma maneira geral, era muito grande. Isso certamente atrapalhava a nossa vida, pois não podíamos sair de casa tranquilamente. Para jantar fora, só em determinados restaurantes, com mesa reservada e escondida. Eu gostava muito de sair e Bellini sempre me acompanhava ao cinema, teatro ou a qualquer outro lugar. Mas só entrávamos quando as luzes já estavam apagadas e sempre que possível, com lugar marcado.

Bellini não era muito ligado à sua imagem, a fama não importava para ele. Era um homem de uma humildade incrível. E quando era assediado na rua, ele atendia o público maravilhosamente bem. Só quando estava comigo, em momentos de lazer, em um jantar ou algum momento familiar, para preservar a nossa privacidade, meu marido evitava o contato com estranhos, mas, se não fosse possível, ele tratava a pessoa de maneira exemplar.

E assim nós vivemos por quase sete anos, período em que ele ainda estava no futebol profissional.

Exceto pelos dois anos que moramos em Curitiba, no Paraná, passamos toda a nossa vida juntos nesse mesmo apartamento, onde moro até hoje.

Em janeiro de 2013, completamos 50 anos de casados e comemoramos as nossas bodas de ouro. Esse foi o penúltimo aniversário de casamento que passamos juntos. Pouco mais de um ano depois, ele viria a falecer. Bellini já estava bem debilitado e não tinha consciência do que estava acontecendo. Mesmo assim, julguei que uma reunião familiar para comemorar a data seria, dentro do possível, uma boa forma de celebrar a nossa união.

> "Eu sou um homem conservador, tradicional; para mim, casamento é uma vez só, é amar apaixonadamente uma mulher, para o resto da vida..."
>
> *Bellini para Giselda*

5

A COPA DO MUNDO DE 1962

Quando a seleção brasileira foi convocada para a Copa do Mundo de 1962, no Chile, eu e Bellini já estávamos noivos, há poucos meses do nosso casamento, marcado para o dia 22 de dezembro. Desta forma, mesmo morando com os meus pais em Itapira, posso dizer que acompanhei bem toda a trajetória do Bellini e da seleção que se tornaria bicampeã mundial naquele ano.

Por ter vencido a Copa da Suécia, a seleção brasileira não participou das eliminatórias da Copa de 1962, assim como a do Chile, por ser o país sede. O torneio eliminatório realizado na América do Sul foi disputado pelas seleções da Argentina, Equador, Bolívia, Uruguai, Colômbia e Peru. Venceram e foram classificadas as seleções da Argentina, Colômbia e Uruguai. Apesar de não ter participado das eliminatórias sul-americanas, a seleção do Paraguai também disputou uma vaga jogando contra a seleção norte-americana do México, que levou a melhor e eliminou os paraguaios da Copa do Chile. Depois de todas as eliminatórias realizadas, as dezesseis seleções classificadas para a Copa do Mundo FIFA do Chile foram as seguintes:

- Alemanha Ocidental
- Argentina
- Brasil

- Bulgária
- Chile
- Colômbia
- Espanha
- Hungria
- Inglaterra
- Itália
- Iugoslávia
- México
- Suíça
- Tchecoslováquia
- União Soviética
- Uruguai

Quatro anos após a grande vitória na Suécia, em 1958, a seleção brasileira, agora sob o comando do técnico Aymoré Moreira e contando ainda com o empresário Paulo Machado de Carvalho como chefe da delegação, repetiu a cuidadosa preparação feita para a Copa anterior. Com isso, chegou ao Chile, sede da Copa do Mundo da FIFA de 1962, como a favorita ao título e a conquistar o bicampeonato, além de ser a única a ter participado de todas as edições da Copa do Mundo da FIFA.

Na época, o então presidente da CBD (atual CBF), João Havelange, decidiu que o melhor a fazer, depois da campanha vitoriosa de 1958, seria manter tudo como estava. "Em time que está ganhando, não se mexe" era a frase mais repetida. A única mudança significativa foi a substituição do técnico campeão de 1958, Vicente Feola, pelo experiente técnico do São Paulo, Aymoré Moreira, que assumiu a seleção em 1961, após a saída de Feola por motivos de saúde.

A seleção brasileira passou por um período de concentração na cidade de Campos do Jordão, no interior do estado de São Paulo, a cerca de 170 km da capital do estado. A cidade, situada a uma altitude de 1.680 m, é conhecida como a "Suíça Brasileira", por ser o mais alto município do país.

A linda região montanhosa recebeu os 41 atletas convocados, que iriam passar por aquele período de treinamento e "peneira", para que o técnico definisse os jogadores que iriam para a Copa do Mundo. Destes, apenas 22 seriam escolhidos para participar da competição no Chile. Bellini fora convocado para a concentração da seleção, juntamente com a maior parte dos jogadores campeões mundiais de 1958.

A população de Campos do Jordão e os fãs que se dispunham a viajar até as montanhas no interior de São Paulo puderam conhecer os jogadores e até mesmo acompanhar, sem muitas restrições, todos os treinos da seleção. A principal finalidade dessa concentração era definir a escalação final que disputaria a Copa.

Depois da fase de concentração em Campos do Jordão, a seleção continuou seu treinamento, desta vez na cidade de Nova Friburgo, na região serrana do estado do Rio de Janeiro e, posteriormente, na cidade de Serra Negra, no interior do estado de São Paulo.

Nesse período que antecedeu o início da Copa do Mundo, a seleção brasileira realizou uma série de seis amistosos, nos quais o técnico Aymoré Moreira fez diversas combinações de jogadores, mas tinha como certo que manteria a base da equipe campeã do mundo de 1958. Nesses amistosos, os brasileiros venceram por duas vezes todas as seleções

Em Serra Negra-SP, em maio de 1962. Concentração para a Copa do Mundo do Chile.

convidadas — a do Paraguai, a do País de Gales e a de Portugal. Em um desses jogos, Bellini sofreu uma contusão e Mauro o substituiu.

Bellini foi convocado para jogar no Chile e era dado como certo que seria titular e novamente o capitão da equipe. Entretanto, Mauro Ramos, que havia ficado no banco de reservas na Copa de 1954 e tinha sido reserva de Bellini em 1958, teve uma conversa com o técnico Aymoré Moreira, antes do início da disputa no Chile. Ele exigia a posição de titular, já que estava em ótima forma e havia participado dos jogos amistosos. Argumentou que já estava com 32 anos de idade e que aquela seria, provavelmente, a sua última chance de jogar em uma Copa do Mundo como titular. Então, disse que se fosse para ficar no banco mais uma vez, iria embora.

Contudo, mesmo antes da pressão feita por Mauro Ramos, o técnico Aymoré já tinha dúvidas quanto à escalação da zaga, pois Mauro aparentava estar com melhor preparo físico. Por outro lado, a liderança indiscutível de Bellini poderia fazer diferença nos momentos mais decisivos.

Por fim, o treinador acabou decidindo manter Bellini como zagueiro e capitão da seleção. Chegou a anunciar a escalação para a partida inicial, com Bellini como titular. Ao saber da escalação, Mauro foi falar com o técnico Aymoré e disse, categoricamente, que não aceitaria ser reserva de Bellini novamente.

O técnico, indeciso sobre o que fazer a respeito, se reuniu com o chefe da delegação, Paulo Machado de Carvalho e outros membros da comissão técnica, e acabou falando com Bellini. O capitão de 1958 tinha um grande respaldo dentro da seleção, bem como do público brasileiro. Mas Aymoré não estava comunicando que Mauro entraria em seu lugar. Ele deixou, de certa forma, a decisão para Bellini.

Num primeiro momento, Bellini não gostou. Entretanto, de maneira surpreendente, ele disse: "Acho justo. Agora é a vez do Mauro". Todos se admiraram com a atitude do Bellini, até o Mauro. Quem mais na seleção agiria dessa maneira? Na época, muitos acharam que essa reação se explicaria em razão da amizade dos dois, mas, na realidade, até então ambos apenas se cumprimentavam e não existia nenhum laço mais forte do que isso. Mas esta atitude do meu marido fez com que simples companheiros de profissão se tornassem grandes amigos, "irmãos de coração", como dizia o Mauro para mim. E foram amigos muito próximos, pelo resto da vida.

A base da seleção de 1958 foi mantida. Aliás, a maior parte dos titulares de 1958 jogou em 1962. Foram poucas as alterações e, realmente, não se mexeu muito no time que estava ganhando.

A escalação final da seleção brasileira que disputou a Copa do Mundo de 1962 foi a seguinte:

Brasil 1962

Camisa	Jogador	Posição
1	Gilmar	Goleiro*
2	Djalma Santos	Lateral*
3	Mauro Ramos	Zagueiro*
4	Zito	Volante*
5	Zózimo	Zagueiro*
6	Nilton Santos	Lateral*
7	Garrincha	Atacante*
8	Didi	Meia*
9	Coutinho	Atacante
10	Pelé	Meia-Atacante
11	Pepe	Atacante
12	Jair Marinho	Lateral
13	Bellini	Zagueiro
14	Jurandir	Zagueiro
15	Altair	Zagueiro
16	Zequinha	Volante
17	Mengálvio	Meia-Atacante
18	Jair da Costa	Atacante
19	Vavá	Atacante*
20	Amarildo	Atacante*
21	Zagallo	Meia-Atacante*
22	Castilho	Goleiro

* Jogadores que jogaram a Final.

A Copa do Mundo do Chile, a sétima edição do torneio, começou no dia 30 de maio e terminou no dia 17 de junho de 1962. Desde a Copa do Mundo do Brasil, em 1950, os torneios estavam sendo realizados na Europa, com as edições de 1954 na Suíça e a de 1958 na Suécia.

Seleção Brasilera em concentração para a Copa do Mundo de 1962.

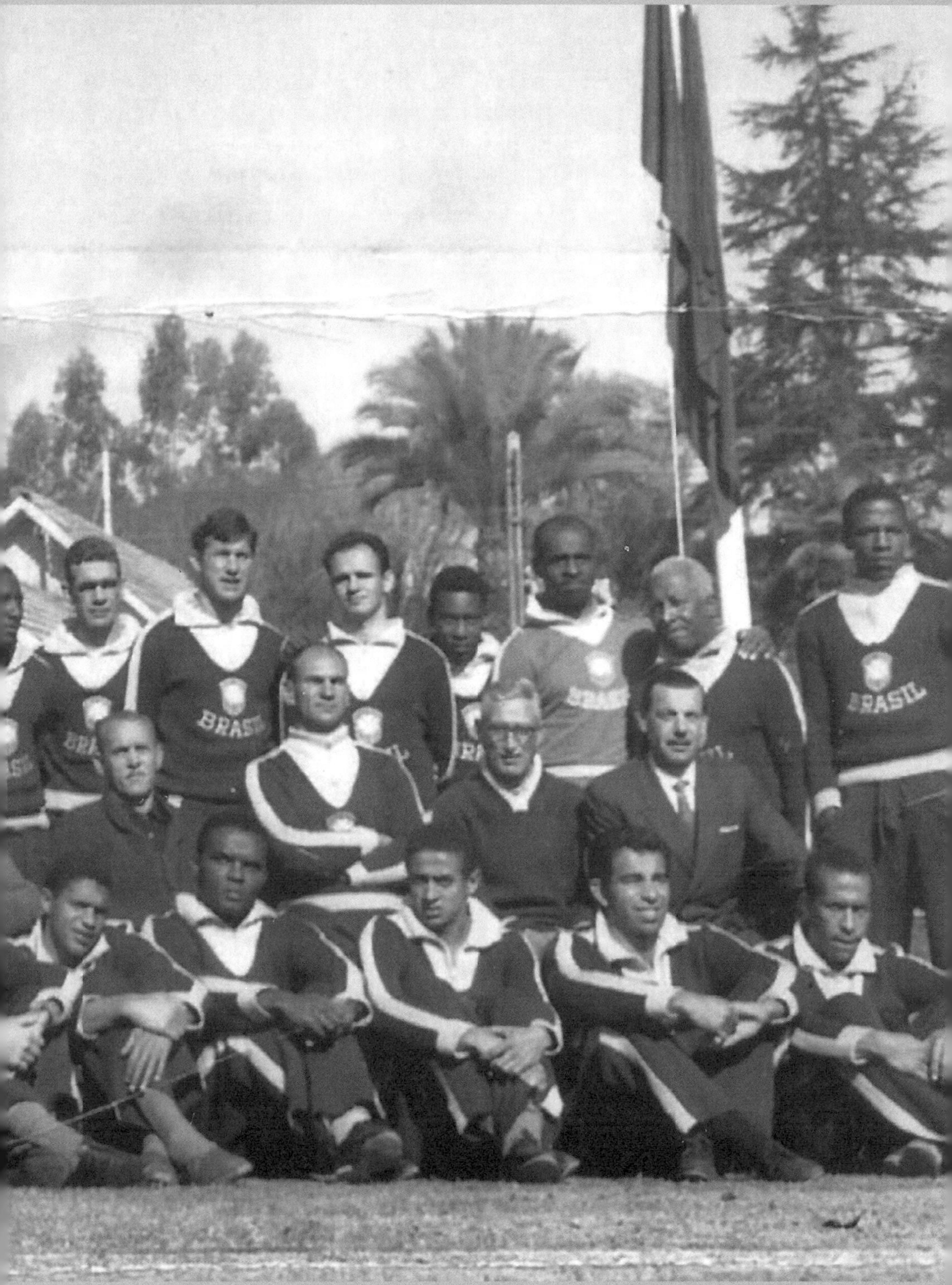
BRASIL
BRASIL

O Brasil estreou na Copa no dia 30 de maio de 1962, jogando contra o México, no estádio Sausalito, na cidade de Viña Del Mar. O jogo terminou com vitória brasileira por 2 × 0, com um gol de Zagallo, aos 10 minutos do segundo tempo e outro de Pelé, aos 27 minutos do segundo tempo. A seleção do México era considerada uma das mais fracas da competição e, por essa razão, a vitória brasileira não empolgou os torcedores.

O segundo jogo aconteceu no dia 2 de junho, também no Estádio Sausalito, em Viña Del Mar, contra a Tchecoslováquia. Desta vez, um empate. O placar ficou em 0 × 0. O jogo, porém, marcou a saída de Pelé da competição, devido a uma contusão. Aos 28 minutos do primeiro tempo, Pelé deu um potente chute de fora da área e caiu no chão, gritando de dor. Esse foi o fim da Copa do Mundo do Chile para o craque.

Depois da confirmação de que o craque não voltaria a jogar naquela Copa, o técnico Aymoré Moreira, acertadamente, reorganizou a frente com Amarildo, dando a ele maior responsabilidade pelo ataque, juntamente com Garrincha. Amarildo se superou.

Na época, acreditava-se que aquela seria a Copa de Pelé, que entrou em campo já consagrado pela vitória de 1958 e pelo espetacular desempenho mostrado no Santos e nos amistosos da seleção. Entretanto, com a saída prematura do craque que mais tarde viria a ser celebrado como o "Rei do Futebol", a vez acabou sendo de Garrincha. A Copa de 1962, além de resultar no bicampeonato brasileiro, também é considerada a Copa que consagrou Garrincha como um dos maiores atacantes da seleção, em todos os tempos.

O terceiro jogo do Brasil foi contra a Espanha, no dia 6 de junho, também no estádio Sausalito, em Viña Del Mar. Foi um jogo dificílimo. Mesmo sem Pelé, a equipe jogou muito bem, mas os espanhóis também jogavam bem, e jogavam duro.

A seleção espanhola saiu na frente, marcando o primeiro gol do jogo, aos 34 minutos do primeiro tempo. O Brasil precisava de, pelo menos, um empate, para continuar na competição. A seleção voltou para jogar o segundo tempo com a obrigação do empate e o desejo da virada.

Amarildo, no lugar do jogador santista, soube honrar a responsabilidade: marcou os dois gols que deram a vitória ao Brasil. Ele marcou o primeiro gol brasileiro aos 26 minutos do segundo tempo. Garrincha, apesar de não ter marcado nesse jogo, fez uma jogada genial, driblou três jogadores espanhóis e lançou a bola para Amarildo, que concluiu fazendo o segundo gol brasileiro, aos 40 minutos do segundo tempo. Com isso, fechou o placar da partida em 2 × 1 para a seleção brasileira.

Entretanto, a nossa seleção também contou com um importante auxílio nesse jogo: o árbitro chileno Sérgio Bustamente. O juiz não marcou um pênalti cometido por Nilton Santos, que enganou o árbitro, dando um passo para fora da área, após cometer a falta. Depois desse lance, o juiz anulou, de maneira equivocada, um gol feito pelo atacante espanhol Peiró.

O jogo seguinte, valendo pelas quartas de final, aconteceu no dia 10 de junho de 1962, em Viña Del Mar. O adversário agora era a seleção da Inglaterra. Naquele dia, a estrela do Botafogo foi a que mais brilhou. Garrincha marcou dois dos três gols do Brasil. O primeiro gol brasileiro aconteceu aos 30 minutos do primeiro tempo, com um gol de cabeça de Garrincha. Os ingleses empataram o jogo aos 37 minutos do primeiro tempo, com um gol de Gerry Hitchens. Vavá marcou o segundo gol brasileiro aos 7 minutos do segundo tempo, em uma jogada iniciada por Garrincha, que ainda marcou o terceiro gol da nossa seleção, aos 14 minutos do segundo tempo.

A apresentação de Garrincha foi tão incrível que um jornal chileno publicou em manchete: "Garrincha, de qual planeta você vem?". Com dribles desconcertantes e jogadas precisas, Garrincha abrira definitivamente seu caminho para a glória naquela Copa do Mundo.

Na semifinal, em 13 de junho de 1962, o Brasil jogou contra os donos da casa, a seleção chilena. O jogo aconteceu no Estádio Nacional de Santiago e, desta vez, a seleção não somente iria jogar contra um forte oponente, mas também enfrentaria um estádio lotado com a grande torcida chilena. Novamente uma grande vitória, por 4 × 2, com dois gols de Garrincha e dois de Vavá. A seleção brasileira abriu o placar aos 8 minutos do primeiro tempo, com um gol de Garrincha, que voltou a marcar aos 31 minutos do primeiro tempo.

No segundo tempo, foram dois gols para cada lado. Vavá marcou o terceiro gol brasileiro, aos 2 minutos do segundo tempo. Aos 15 minutos do segundo tempo, os chilenos marcam seu primeiro gol, de pênalti. Vavá marca novamente aos 32 minutos do segundo tempo e Jorge Toro marca o segundo gol chileno, aos 41 minutos do segundo tempo, fechando o placar em 4x2 para a seleção brasileira.

Nesse jogo, porém, aconteceu o lance mais polêmico da Copa. Garrincha foi perseguido durante toda a partida pelo jogador Eladio Rojas, até que o brasileiro perdeu a cabeça e deu um chute no rival, caído no chão. Garrincha foi expulso na hora, e automaticamente estaria fora da final contra a Tchecoslováquia. Ninguém queria isso, nem mesmo os Tchecos. Então, não se sabe exatamente como, a súmula do jogo simplesmente "sumiu", assim como o bandeirinha uruguaio, Esteban Marino, que precisaria assinar a nova súmula. Sem nenhuma prova documental, por mais absurdo que possa parecer, a FIFA desqualificou a expulsão do "anjo de pernas tortas" e Mané pôde ser escalado para jogar a final contra a Tchecoslováquia.

Mais uma vez, o Brasil chegava à uma final de Copa do Mundo. A seleção brasileira entrou em campo no dia 17 de junho de 1962, com grande favoritismo, e cumpriu com as expectativas. Venceu o jogo por 3 × 1, com gols de Amarildo, aos 16 minutos do primeiro tempo, Zito, aos 23 minutos do segundo tempo e Vavá, aos 32 minutos do segundo tempo. Mesmo sem marcar nenhum gol, Garrincha foi o elemento-chave que desequilibrou o jogo a nosso favor. Novamente a seleção conquistara a Taça Jules Rimet! Com isso, o Brasil se igualava à Itália e ao Uruguai em número de títulos. Até então, somente esses três países haviam conquistado o bicampeonato mundial da FIFA.

Dessa vez, entretanto, o capitão de 1958, que eternizou o gesto de erguer a taça com as duas mãos, sobre a cabeça, não repetiria seu feito no momento da premiação. Confesso que gostaria de ter visto Bellini levantar a Jules Rimet naquela Copa. Mas a grande honra ficou para seu amigo Mauro, que repetiu o gesto e passou a fazer parte do pequeno grupo de capitães da seleção brasileira que puderam erguer a Copa do Mundo.

Ainda em Santiago, no Chile, os integrantes da seleção brasileira participaram de uma cerimônia de gala, na qual o então presidente da FIFA, *Sir* Stanley Rous, entregou a todos os jogadores e membros da delegação, as medalhas e diplomas referentes à conquista da nossa seleção. Na manhã seguinte, jogadores e comissão técnica embarcaram de volta para o Brasil, com a felicidade de terem cumprido o seu papel da melhor maneira possível. Eles haviam escrito mais uma parte da vitoriosa história do futebol brasileiro, iniciada, por muitos deles, quatro anos antes, na Suécia.

Mais uma vez, a seleção brasileira de futebol voltava campeã de uma Copa do Mundo. Agora, bicampeã! Eu, como todo o povo brasileiro, acompanhei a transmissão de todos os jogos pelo rádio. Torci muito! Mas não via a hora de o Bellini estar de volta e de poder encontrá-lo!

A seleção brasileira voltou do Chile no dia 18 de junho de 1962, e a primeira parada foi no Rio de Janeiro. Ao desembarcar no Aeroporto Internacional do Galeão, atual Tom Jobim, os jogadores, assim como acontecera quatro anos antes, foram recepcionados como heróis.

Havia mais de dois milhões de pessoas reunidas na Cidade Maravilhosa para aplaudir os jogadores e comemorar a vitória do Brasil. Houve um desfile em carro aberto pelas ruas da cidade. Mauro, o capitão do bicampeonato no Chile e Bellini, o capitão da vitória na Suécia, desfilaram segurando juntos a taça Jules Rimet e, de certa forma, mostraram a todos que as duas conquistas faziam parte de uma só glória: o futebol brasileiro.

Os jogadores seguiram para o Palácio do Catete, que passou a ser a sede do Governo do Estado, e foram recepcionados pelo governador Carlos Lacerda. Naquele dia, Lacerda presenteou Garrincha, o maior herói da conquista do bicampeonato, com um mainá, pássaro exótico capaz de imitar a fala humana, prometido a ele pelo governador, caso a seleção vencesse a disputa no Chile.

Diferentemente do retorno da Copa de 1958, agora a capital do país era Brasília e o presidente da República era João Goulart ou "Jango", como ficou conhecido. De maneira geral, podemos dizer que a vitória da seleção em uma Copa do Mundo costuma render dividendos políticos ao governo e ao presidente da República. Entretanto, para João Goulart, que assumiu um governo já desgastado, nem mesmo a alegria do povo brasileiro com o bicampeonato foi suficiente para tirar o foco dos problemas do país naquele período. Menos de dois anos depois, João Goulart foi retirado do poder com um golpe de Estado comandado pelas Forças Armadas.

A comemoração da vitória na nova capital do país foi muito semelhante à que ocorreu no Rio de Janeiro, exceto pela participação do presidente da República no desfile em carro aberto. Além do desfile dos campeões em Brasília e no Rio de Janeiro, centenas de milhares de pessoas também foram prestigiar a seleção brasileira em São Paulo.

Depois de realizados todos os compromissos oficiais relacionados à vitória na Copa do Mundo, Bellini pôde voltar para Itapira, para que pudéssemos nos ver. Apesar de todo o meu interesse na sua "aventura" na Copa do Mundo e nos detalhes sobre a vitória no Chile, àquela altura de 1962, eu já estava bastante preocupada com a proximidade do nosso casamento, marcado para dezembro.

O PRESIDENTE E OS CAPITÃES

- Ninguém poderia ficar alheio à euforia brasileira na comemoração do Bicampeonato Mundial de Futebol. A façanha de onze homens, secundados por outros onze e mais os técnicos e dirigentes, contagiou o País e arrebatou 70 milhões de corações. O Presidente João Goulart integrou também, com ardor, êsse côro de vitória. Recebeu os campeões do mundo em palácio, para confraternizar-se com êles. E fêz questão de p o s a r, segurando a preciosa Jules Rimet, ladeado por dois autênticos campeões, cuja presença, no escrete, sintetiza o Bicampeonato: Bellini foi o grande capitão de 1958, na Suécia; Mauro, a figura-símbolo da grande jornada de 1962, nos gramados do Chile.

Presidente João Goulart recebe Bellini e Mauro Ramos em Brasília — os capitães das duas vitórias brasileiras na Copa do Mundo. Revista Manchete.

> Acho justo.
>
> Agora é a vez
>
> do Mauro

Bellini, concordando em ceder seu lugar na seleção para aquele que seria o capitão da segunda conquista brasileira, e um amigo para toda a vida: Mauro Ramos de Oliveira.

6

A Copa do Mundo de 1966

Eu e o Bellini começamos a namorar, para valer, no final de 1960. A partir daí, passei a conhecer mais sobre a sua carreira como jogador de futebol. Entretanto, como nos víamos pouco, ele morando no Rio de Janeiro e eu em Itapira, eu acompanhava tudo a distância. E foi assim até o início de 1963, quando nos casamos. Depois do casamento, passei a acompanhar tudo bem de perto e descobri que era muito sofrido. Até então, Bellini já havia ido a duas Copas do Mundo. A primeira, na Suécia em 1958, eu ainda nem o conhecia pessoalmente. A segunda, no Chile em 1962, estávamos noivos e apenas torci muito, mesmo de longe.

A Copa do Mundo de 1966, na Inglaterra, já foi bem diferente. Tanto para mim quanto para ele. Antes da competição, todos acreditavam que, naquela Copa, o Brasil conquistaria o tricampeonato. Bellini, como em 1958, foi titular e o capitão da equipe brasileira, e eu acreditava plenamente que veria o meu marido levantar a Jules Rimet mais uma vez. Vicente Feola, campeão da Copa do Mundo de 1958, voltou a ser o técnico.

O clima de "já ganhou" que reinava no Brasil antes da Copa só era comparável ao encontrado na Inglaterra, país sede do torneio. Para os ingleses, criadores do esporte, realizar a Copa do Mundo em casa era um motivo de orgulho e de esperança. Naquela época, somente a seleção brasileira ameaçava estragar a vitória inglesa. A Copa da Inglaterra marcou o início de uma tradição: os personagens criados como mascotes da competição. O pioneiro foi o leão Willie. Além disso, também foi a primeira Copa na qual os jogadores não poderiam defender a seleção de um outro país que não fosse o seu.

Enquanto isso, no Brasil, a preparação da seleção brasileira para a Copa prosseguia. A concentração aconteceu em abril de 1966, na cidade de Caxambu, em Minas Gerais. Quarenta e cinco jogadores foram convocados para que o técnico Feola pudesse analisar, fazer os cortes e decidir a escalação final. As escolhas foram feitas de maneira conturbada. A organização técnica da seleção já não era tão eficiente quanto a das duas Copas anteriores. Bellini novamente foi convocado e, apesar da idade, ainda era bem cotado para ser titular e o capitão da seleção.

Depois de Caxambu, a seleção brasileira seguiu para outra etapa da concentração, desta vez na região serrana do Rio de Janeiro. Na cidade de

Bellini, durante uma das concentrações para a Copa do Mundo da Inglaterra, em 1966.

Teresópolis — ainda hoje utilizada como local de concentração para a seleção —, os treinos prosseguiram na Granja Comary, onde a temperatura era mais baixa, com um clima mais "inglês", como os jornalistas da época gostavam de enfatizar. Mais tarde, a seleção brasileira ainda se concentraria na cidade de Lambari, em Minas Gerais, e também em Três Rios e Niterói, ambas no Rio de Janeiro.

No grupo que foi para a Inglaterra em 1966, ainda havia vários campeões da Copa do Mundo de 1958. Bellini e Gilmar, que estavam para completar 36 anos de idade, Djalma Santos com 37, Zito com 33, Garrincha com 32 e Orlando com 31. Pelé era o mais jovem, tinha apenas 26 anos de idade. Era uma seleção composta, basicamente, de jogadores mais velhos.

A convocação inicial de 45 atletas, um número extremamente elevado se comparado a outras seleções e às experiências anteriores da nossa seleção, foi mais uma das decisões equivocadas do técnico e da comissão técnica. Os erros foram tantos que houve até mesmo a convocação de um jogador por engano! Ditão, do Flamengo, foi confundido com um outro Ditão, do Corinthians. Quando a falha foi descoberta, a CBD preferiu manter a convocação equivocada a admitir o erro!

Jogo amistoso contra a selecao da antiga União Soviética, em novembro de 1965. Bellini e a seleção brasileira já estavam na reta final para a Copa do Mundo de 1966.

Mesmo tendo tantas opções entre jogadores mais jovens, com fôlego e muita garra, Feola preferiu contar com a segurança dos jogadores mais experientes, campeões do mundo. Por essa razão, o técnico brasileiro manteve como base da seleção que participaria da Copa da Inglaterra, os jogadores campeões de 1958 e 1962, mesclados com novos craques em ascensão. Desse modo, Bellini ganhou novamente a braçadeira de capitão, e tentou liderar o time com experiência e vigor. Mas o técnico conseguiu apenas criar uma seleção desentrosada, incapaz de vencer equipes com jogadores menos talentosos, porém com um bom entrosamento e organização.

Outras escolhas consideradas equivocadas incluíam o psicólogo da seleção e o preparador físico, Rudolf Hermanny, cujo trabalho realmente comprometeu a atuação da equipe brasileira. O novo preparador físico não tinha nenhuma experiência com jogadores de futebol — suas atividades estavam relacionadas a atletas de Judô. Com a metodologia do novo preparador, os jogadores acabavam "sem fôlego" ainda no primeiro tempo.

No período de concentração, com tantos jogadores disputando posições e com a pouca transparência do técnico, o clima era de incerteza e medo. Esse clima seguiu viagem com os 22 convocados para a Inglaterra. Certa vez, Pelé disse que a principal diferença entre a seleção de 1958 e a de 1966 era: "em 1958, quem estava no banco queria estar jogando e, em 1966, quem estava jogando queria estar no banco". Essa sensação, partilhada apenas entre os jogadores e a comissão técnica, contrastava com o discurso que o público brasileiro ouvia. Para todos, a equipe estava ótima, pronta para a Copa e confiante no resultado. Na verdade, era uma seleção repleta de incertezas e muito medo.

A escalação final da seleção brasileira para a Copa do Mundo da Inglaterra foi a seguinte:

Brasil 1966

Camisa	Jogador	Posição
1	Gilmar	Goleiro
2	Djalma Santos	Lateral
3	Fidélis	Lateral
4	Bellini	Zagueiro
5	Brito	Zagueiro
6	Altair	Zagueiro
7	Orlando	Zagueiro
8	Paulo Henrique	Lateral
9	Rildo	Lateral
10	Pelé	Meia-Atacante
11	Gérson	Meia
12	Manga	Goleiro
13	Denilson	Volante
14	Lima	Meia
15	Zito	Volante
16	Garrincha	Atacante
17	Jairzinho	Atacante
18	Alcindo	Atacante
19	Silva	Meia
20	Tostão	Atacante
21	Paraná	Atacante
22	Edu	Atacante

Por ter sido a equipe vencedora da Copa do Mundo anterior, no Chile, o Brasil teve sua vaga garantida na Copa da Inglaterra e não precisou disputar o torneio eliminatório sul-americano. As eliminatórias da América do Sul, então, foram disputadas por nove seleções, que disputavam três vagas. Participaram da disputa as seleções do Peru, Uruguai, Venezuela, Colômbia, Chile, Equador, Argentina, Paraguai e Bolívia. Dentre elas, foram classificadas e participaram da Copa do Mundo da Inglaterra as seleções do Uruguai, Chile e Argentina.

As seleções que participaram da Copa do Mundo da Inglaterra, em 1966, foram as seguintes:

- Brasil
- Inglaterra

- Uruguai
- União Soviética
- México
- Suíça
- Alemanha Ocidental
- Argentina
- França
- Espanha
- Portugal
- Hungria
- Bulgária
- Coreia do Norte
- Chile
- Itália

A Copa da Inglaterra começou no dia 11 de julho de 1966 e terminou no dia 30 do mesmo mês. Apesar dos problemas internos, o Brasil chegou à Inglaterra com um favoritismo inédito nas Copas do Mundo. O público e as equipes que participaram da competição sabiam que a nossa seleção contava com os maiores craques do planeta, como Pelé, que estava em plena forma. Além dele, jovens estrelas como Tostão, Gerson e Jairzinho também já haviam conquistado grande reputação. Garrincha já não estava em tão boa forma, mas poderia surpreender.

No dia 12 de julho, o Brasil fez sua estreia na disputa. Bellini, novamente, começava jogando uma Copa do Mundo como capitão da seleção brasileira. O jogo foi no estádio de Goodison, na cidade de Liverpool, com um público de 48.000 espectadores. A equipe começou bem, vencendo a Bulgária por 2 × 0, com um gol de Pelé, aos 14 minutos do primeiro tempo, e outro de Garricha, aos 17 minutos do segundo tempo. Esse jogo marcou a última atuação da lendária dupla de atacantes brasileiros. Pelé e Garrincha nunca mais jogariam juntos.

Depois dessa vitória, a seleção brasileira não conseguiu mostrar o futebol que o mundo estava esperando.

No segundo jogo, disputado no dia 15 de julho, no mesmo estádio, o Brasil teve a sua primeira derrota, perdendo para a Hungria por

3 × 1. O gol brasileiro foi marcado por Tostão, aos 14 minutos do primeiro tempo, mas o resto do jogo foi um desastre. Sem entrosamento em campo, a equipe brasileira permitiu que a Hungria, um time mais estruturado, dominasse o jogo do início ao fim. O Brasil não perdia para a seleção da Hungria desde a Copa de 1954.

Depois desse resultado, o clima entre jogadores e comissão técnica, que já era ruim, conseguiu ficar ainda pior. A falta de união e o despreparo psicológico fizeram com que o medo tomasse conta da seleção até o final do último jogo.

Em seguida, foi a vez de Portugal. No dia 19 de julho de 1966, a seleção brasileira fez seu terceiro jogo na cidade de Liverpool e o último na Copa do Mundo da Inglaterra. Bellini ficou no banco de reservas e não participou da segunda e última derrota da seleção brasileira na Copa do Mundo da Inglaterra. Novamente, a equipe brasileira perdeu com um placar de 3 × 1, diante de mais de 60 mil espectadores.

A seleção portuguesa, assim como a da Hungria, foi muito superior à brasileira. O único gol da nossa equipe foi feito por Rildo, aos 25 minutos do segundo tempo. O fraquíssimo desempenho da seleção brasileira naquela Copa acabou sendo um reflexo do que aconteceu durante o período de treinamento e concentração. O técnico Vicente Feola acabou fazendo tantas substituições durante a Copa que quase todos os jogadores, entre reservas e titulares, atuaram nos três jogos que o Brasil disputou. Somente Jairzinho e Lima entraram em campo nos três jogos da seleção brasileira, naquela Copa. As substituições soavam como um grito de desespero para ver se alguma coisa acontecia, se alguma combinação faria com que o time "acordasse" em campo. Em vez disso, a seleção só conseguiu mostrar um futebol apático, sem genialidade ou criatividade.

Essa foi uma das piores campanhas da seleção brasileira. O time ficou em 11º lugar na classificação final. Até então, somente nas Copas de 1930 e 1934 o Brasil não havia passado da primeira fase. Foi uma tristeza enorme para todos os brasileiros e, em especial, para os jogadores e comissão técnica.

A final da Copa foi disputada entre as seleções da anfitriã Inglaterra e a da Alemanha. A rainha Elizabeth e o então primeiro-ministro Harold

Bellini cumprimenta o capitão da seleção Búlgara, antes da única vitória brasileira na Copa do Mundo da Inglaterra. O Brasil venceu por 2 × 0.

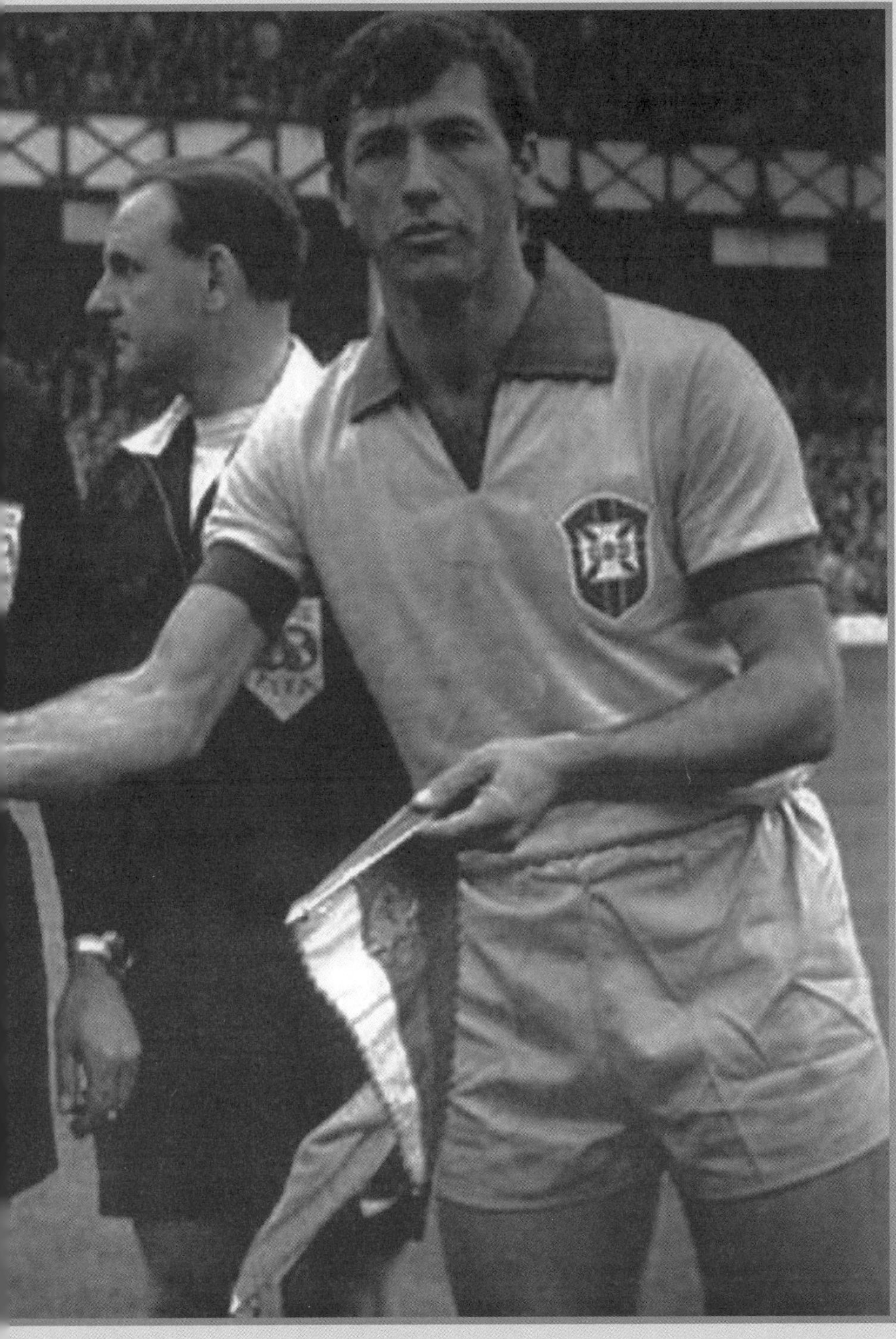

Wilson compareceram ao jogo no estádio de Wembley, em Londres, com mais de 100 mil espectadores. A partida foi emocionante e controversa, pois alguns erros da arbitragem acabaram por ajudar os donos da casa. Ainda assim, a seleção inglesa apresentou um bom futebol e jogou com vontade de vencer!

Mas para nós, brasileiros, o resultado final da Copa do Mundo da Inglaterra pouco importou. A decepção com a atuação da nossa seleção e a frustração que a maioria do povo sentiu com a eliminação na primeira fase da competição ficaram marcadas no coração e na memória de todos, até a Copa do Mundo seguinte, no México.

Em 1963, quando nos casamos, Bellini jogava pelo São Paulo, time no qual estava desde o início de 1962. De 1963 a 1969, eu acompanhei a vida dele no futebol, especialmente a ida para a Copa do Mundo de 1966 — experiência que, para mim, foi horrível.

Eu adorava futebol, mesmo antes de me casar com o Bellini. Mas, depois de casada, aquilo virou um sofrimento. Primeiro, porque eu vivia com medo de ele quebrar a perna, os dentes, o malar, deslocar o ombro, enfim, — todos aqueles acidentes que já haviam acontecido com ele e que acontecem eventualmente com jogadores. Segundo, pela torcida, pois era uma agonia enorme torcer por ele.

Minha torcida era completamente diferente. Os torcedores desses grandes clubes, muitas vezes, são capazes de matar pelo seu time. E eu era capaz de morrer torcendo pelo Bellini. Morrer de tanta emoção, de tanto sofrimento. Na época, existiam muitos comentaristas e locutores famosos de rádio, e também da televisão. Eu queria assistir, ouvir e gravar tudo, para mais tarde comentar com o Bellini, quando ele chegasse. Sofria demais e gritava muito.

Eu não costumava ir aos estádios. Na verdade, fui muito pouco, porque não me fazia bem. Comparecia apenas nas disputas de títulos e grandes decisões e sempre jurava que não voltaria. Eu realmente não entendo como as pessoas gostam tanto de ir ao estádio! Acho um sofrimento terrível. Para mim, não valia a pena!

Tudo começou na Copa de 1966. Ainda não havia jogos televisionados — a primeira Copa do Mundo transmitida pela televisão brasileira foi a de 1970 —, mas eu não conseguia sequer ouvir os jogos, e me fechei dentro de um quarto para ficar longe do rádio. Fechava até as janelas, só para não ouvir o volume alto que vinha dos outros apartamentos do condomínio. Eu fiquei doente! Só queria saber o resultado.

E aquilo foi uma tragédia, uma tristeza. O telefone não parava de tocar. Estranhos ligavam e falavam de tudo, até xingamentos... uma coisa terrível! O avião que trazia a seleção brasileira teve que pousar de madrugada. O governador Laudo Natel, que também era o presidente do São Paulo Futebol Clube, enviou para a casa de todos os jogadores, como fez na nossa, um grupo da Polícia Militar. Havia soldados na frente do edifício e em outros pontos estratégicos. Na época, não havia tanta violência nas ruas como hoje em dia, e a maioria dos condomínios não tinha grades nem muros. Para que houvesse total segurança para o Bellini e seus familiares, o prédio foi cercado de policiais.

Eu não conseguia compreender. Como isso estava acontecendo? Eles foram heróis em 1958 e 1962 e agora estavam sendo tratados como traidores da pátria! Eu não gosto de falar sobre 1966, eu vivi intensamente aquela Copa do Mundo e sofri muito.

Muitos torcedores, ao verem seus times perdendo, ficam com raiva dos jogadores e do técnico, e acreditam que eles não se importam com o resultado, apenas porque não conseguiram demonstrar em campo mais vigor, organização e talento. Esse é um grande engano, pois, garanto que, pelo que pude ver em meu marido e nos jogadores que conheci, são eles os que mais sofrem com as derrotas.

A Copa do Mundo de 1966, por muitos anos, foi considerada uma das maiores decepções do futebol brasileiro, nem tanto pelo resultado, mas por toda a expectativa que o povo brasileiro havia depositado na nossa seleção. Depois de duas vitórias consecutivas, todos acreditavam, ou queriam acreditar, que a felicidade e a alegria da conquista da Jules Rimet se repetiria na Inglaterra.

Depois de tudo o que aconteceu naquela Copa e por todo o sofrimento que passei ao ver meu marido naquela situação, resolvi ter uma conversa com Bellini. Como ele havia cogitado seguir a carreira de técnico de futebol quando parasse de jogar, eu me imaginei em um sofrimento contínuo e não sabia se estaria preparada para aguentar as consequências, ainda mais com filhos tão pequenos. Eu acreditava que à medida que eles fossem crescendo e vissem o quanto eu sofria, eles iriam sofrer igualmente. Então, eu disse para Bellini que se quisesse tentar a carreira de técnico, a decisão seria dele, mas eu não sabia se aguentaria.

A carreira de Bellini no futebol foi repleta de conquistas. Uma trajetória de sucesso, sem dúvida. Entretanto, a Copa do Mundo de 1966 foi, certamente, o pior momento que o meu marido viveu no futebol. Foi exatamente o oposto do que aconteceu na Suécia, em 1958. Muitos jogadores, ao sofrer tamanha decepção, poderiam pensar em desistir e "pendurar as chuteiras". Bellini, não. Ele soube absorver o impacto negativo da derrota na Inglaterra e seguir com a sua carreira, por mais alguns anos. Mesmo assim, o fantasma daquela derrota e a reação odiosa das pessoas, ele nunca esqueceu.

———

Seleção Brasileira que disputou a Copa do Mundo de 1966, na Inglaterra. Novamente Bellini foi o capitão do time brasileiro.

> Eu não conseguia compreender. Como isso estava acontecendo? Eles foram heróis em 1958 e 1962 e agora estavam sendo tratados como traidores da pátria! Eu não gosto de falar sobre 1966...

7

DE SÃO PAULO A CURITIBA

Fomos morar em São Paulo em janeiro de 1963, depois do nosso casamento. Bellini já morava na capital paulista havia quase um ano, desde que fora contratado pelo São Paulo.

Para ele, jogar no São Paulo Futebol Clube foi uma grande alegria, pois possibilitou a nossa vida juntos em São Paulo, perto dos meus pais. Além disso, a proximidade com Itapira, nossa cidade natal, era muito boa, ficava fácil visitar nossas famílias.

Como jogador, entretanto, os tempos no tricolor paulista foram de poucas conquistas, bem diferente do que ocorrera no Vasco. Naquela época, o São Paulo havia investido tudo o que tinha e o que não tinha na construção do Estádio do Morumbi. Por essa razão, contratações importantes foram deixadas de lado por muitos anos.

Com uma equipe mais fraca do que a de costume, o São Paulo acabou ficando de fora da disputa pelos principais títulos. Além disso, naquele tempo, um time estava conquistando todos os prêmios e "passando por cima" de todos os outros. Era o Santos de Pelé, no auge de suas conquistas. Assim, apesar de estar em um grande clube, durante todos os anos em que Bellini esteve no São Paulo, o clube não obteve nenhuma conquista relevante.

Foi uma época boa. Poucos meses depois de casados, eu fiquei grávida da nossa primeira filha.

Sem saber ainda quem estava por vir, eu e Bellini teríamos que escolher dois nomes: um para menino e outro para menina. Ainda não existiam exames capazes de descobrir o sexo da criança durante a gestação. Era sempre uma surpresa!

Se fosse um menino, eu gostaria que chamasse Hideraldo Luiz Bellini, em homenagem ao pai. Dizia que ele seria o "Júnior". Bellini não gostava muito da ideia, mas não a vetou.

Para menina, eu sugeri Carla. Eu sempre gostei muito, mesmo sem nunca ter conhecido alguém com esse nome, a não ser a atriz e vedete Wilza Carla, muito famosa na época. Eu achava lindo, era incomum e eu gostava muito dos nomes masculinos transformados em femininos. Então, bem no final da gravidez, eu disse que se fosse menina seria Carla e se fosse menino teria o nome dele. E ele concordou.

O nascimento estava previsto para o início de dezembro, mas houve um fato que fez com que o parto acontecesse antes da hora.

No dia 22 de novembro de 1963, o então presidente dos Estados Unidos, John Kennedy, foi assassinado. Eu gostava muito dele, acompanhava sua administração e a política americana, pela admiração que eu sentia. Quando ele morreu, e pela forma como aconteceu, para mim foi um "baque". Fiquei realmente muito abalada.

No dia seguinte, o São Paulo jogava contra a Portuguesa, no estádio do Pacaembu, em São Paulo. Durante o jogo, eu estava em casa e comecei a sentir as contrações do parto, resultado da minha reação emocional à morte do presidente americano. Liguei para o estádio e pedi para que avisassem ao Bellini, no término da partida, sobre a minha urgência. Como o estádio fica a apenas 5 minutos de casa, assim que ele chegou, fomos direto para a maternidade, na cidade de Campinas, onde o meu médico já aguardava para fazer o parto, que acabou sendo por meio de uma cesariana.

Eu e Bellini queríamos ter um segundo filho, mas não torcemos para que o primeiro fosse menino ou menina, e veio a Carla. Dois anos depois, no dia 18 de dezembro de 1965, nasceu o nosso filho, batizado com

Em 1962, em seu primeiro jogo vestindo a camisa do São Paulo.

o mesmo nome do pai, Hideraldo Luiz Bellini Júnior. Em casa, para a família, ele é o Júnior, mas para os amigos, na escola ou no trabalho, ele é Bellini, como o pai.

Nós já tínhamos concordado sobre a escolha do nome para o nosso filho, caso fosse um menino, mas, apesar disso, a discussão voltou à tona pouco antes do nascimento. Meu marido voltou a dizer que não queria que seu filho tivesse o nome dele. Ele não gostava muito do próprio nome, Hideraldo. Mesmo assim, eu insisti dizendo que eu gostava e que o nosso filho deveria receber o mesmo nome do pai, mas com Júnior no final, em vez de Filho, que era mais comum na época. Então, chamaríamos nosso filho de Júnior.

Quando ele estava para nascer, tivemos conhecimento de que três meninos tinham o nome de Hideraldo Luiz Bellini, cada um trazendo, depois do nome Bellini, o seu próprio sobrenome familiar.

Bellini teve contato com essas crianças e seus pais durante uma viagem para jogar no Nordeste. Quando conheceu os meninos que levavam o seu nome, apresentados pelos seus respectivos pais, ele se sentiu muito honrado. O curioso é que para eles, não bastava colocar o nome de Hideraldo Luiz. Eles faziam questão de colocar também o Bellini, seguido do sobrenome da família de cada um.

Atualmente, com a facilidade de contato proporcionada pelas redes sociais, eu tomei conhecimento da existência de muitos "Bellinis", e vários outros com o nome de Hideraldo Luiz. E todos dizem que receberam seus nomes em homenagem ao meu marido.

Isso só comprova como o futebol é apaixonante, e que ídolos como Bellini têm a força de influenciar a vida de muitas pessoas, a ponto de os pais batizarem seus filhos com o nome de seus heróis. Para Bellini, esse tipo de homenagem era uma grande honra.

Bellini foi um excelente pai, desde o primeiro dia da minha primeira gestação. Na verdade, ele foi muito mais do que um simples pai, e fez muito mais do que qualquer um faria.

Quando a Carla nasceu, ela já possuía o seu próprio quarto, onde dormia à noite. E com o Júnior foi do mesmo modo. Entretanto, as crianças — cada qual em sua época — precisavam mamar à noite e de madrugada.

Meu marido levantava, trocava as fraldas e os trazia para que eu pudesse amamentá-los. Ele fez isso com a Carla e com o Júnior. Às vezes, eu colocava o bebê para arrotar, mas era ele quem gostava de fazer isso. Eu não sei se ele fazia isso tudo porque eu era muito jovem e, vendo a minha inexperiência, tentava de tudo para ajudar. Eu tinha medo até de dar banho nas crianças! Foi ele quem deu todos os banhos, até a Carla e o Júnior se tornarem bebês mais firmes. Ele aprendeu tudo com a minha mãe que, certamente, também se preocupava com a minha inexperiência.

Eu me apavorava com quase tudo relacionado aos cuidados com as crianças! Quando a Carla nasceu, eu tinha 18 anos, e quando o Júnior chegou, tinha acabado de completar 20. Eu era muito nova! Apesar da inexperiência, o fato de ter um marido bem mais velho me proporcionava uma grande sensação de segurança e proteção, e além disso, ele era o meu maior amigo.

No período de 1963 até 1967, nós não tínhamos uma vida social. A carreira de jogador de futebol, no São Paulo, fazia com que ele ficasse muito pouco tempo em casa, e nos sábados e domingos, ele estava sempre em competições. Os únicos amigos com quem mantínhamos contato eram Gilmar e sua esposa, Raquel, que também moravam em São Paulo. Mesmo assim, era muito difícil nos vermos. Eles moravam na Rua Bela Cintra, na região dos Jardins, a poucos quilômetros da nossa casa. Na época, Gilmar ainda jogava no Santos e só nos encontrávamos nas festinhas de aniversário dos nossos filhos e, eventualmente, em um jantar, apenas nós quatro, e mais ninguém. Fora isso, praticamente não saíamos para nenhum evento social. Bellini vivia exclusivamente para a família e para o futebol. Ele não gostava de sair para nada!

Depois de algum tempo, Mauro Ramos de Oliveira também veio morar perto da nossa casa, na Avenida Angélica, uma das principais vias do nosso bairro. Mauro ficou viúvo muito cedo; sua esposa, Eni, morreu com 36 anos, de infarto fulminante. Bellini e Mauro eram grandes amigos e mantinham um contato frequente.

A nossa vida estava bastante tranquila e, aparentemente, nada mudaria isso. Até que, um dia, Bellini recebeu um convite profissional que prometia grandes mudanças para nós.

Com 34 anos, em 1964, ainda jogando pelo São Paulo Futebol Clube.

Cabeceando uma bola no jogo São Paulo × Santos, em março de 1965, no Estádio do Pacaembú, em São Paulo.

Desde 1958, quando Bellini recusou o convite para tentar uma carreira no cinema de Hollywood, ele não havia recebido mais nenhuma proposta para atuar. Então, no ano de 1966, quando estava para ser inaugurado no Brasil o Cinemascope, a famosa tela grande de cinema, uma novidade tecnológica da época, Bellini recebeu uma nova proposta na área cinematográfica.

Um grande produtor de filmes, Ruy Pereira dos Santos, contratou o consagrado diretor Lima Barreto para dirigir um filme que contava a história de um cangaceiro, contemporâneo de Lampião. A história era sobre a vida de Clemente Celidônio, que ficou conhecido como Quelemente de Pajeú. Ruy Pereira dos Santos queria que Bellini interpretasse o protagonista, e entrou em contato com ele para fazer o convite.

O produtor e o diretor foram à nossa casa, para fazer o convite pessoalmente. Naquele dia, quando abri a porta, Lima me perguntou se eu era a mulher do Bellini, e respondi que sim. Então, ele me "informou" que eu também iria trabalhar no filme dele e que já havia escolhido um papel para mim. E disse isso tudo ainda na porta de casa, antes mesmo

Bellini em uma das formações do São Paulo, nos anos 1960.

Jogando pelo São Paulo, no Estádio do Morumbi.

que eu pudesse convidá-los a sentar. Falou que, no filme, eu faria a irmã do personagem do meu marido. Ou seja, eu seria a irmã do Quelemente e ele iria se tornar bandido por minha causa! Quando Bellini chegou na sala, eles o fizeram posar para umas fotos com um chapelão! Em algumas delas, estava com a nossa filha Carla ao lado e o Júnior no colo. A roupa era horrível!

Então, Lima e Ruy nos mostraram o roteiro pronto e disseram que estavam ali para formalizar o convite, e que deixariam também uma minuta de contrato. Eles pediram para que Bellini pensasse bem e analisasse o contrato que estavam deixando. Depois, haveria um teste que seria marcado em seguida, e aconteceria em uma fazenda, próxima a São Paulo.

Quando eu li o roteiro, soube que Bellini iria contracenar com a atriz Araçary de Oliveira, uma linda morena, que seria um tipo de Maria Bonita na história de Quelemente. Havia uma cena em que estava escrito: "*Big close up*" — Quelemente de Pajeú dá um beijo em Maria do Carmo (personagem da bela atriz Araçary de Oliveira). Ah! Eu não gostei nada daquilo!

Tempos depois, fomos para a tal fazenda para que Bellini fizesse os testes de câmera. Eu já havia dito que não aceitaria atuar no filme — não me sentiria bem em realizar esse tipo de trabalho, por não ter vocação.

Bellini foi filmado andando a cavalo, falando etc. Demorou umas 6 ou 7 horas para dar 3 minutos de filme. Na volta, Bellini disse que aquilo não era para ele. Eu só estava esperando sua palavra final para dizer o que eu achava a respeito de toda aquela história de filme. Até então, eu não havia dito nada contra.

Então, eu disse a ele que havia me casado com um jogador de futebol, e sabia das coisas pelas quais eu teria que passar sendo a esposa de um futebolista famoso. Eu sabia e era tudo maravilhoso para mim. Mas como artista, não! Se ele quisesse seguir naquela aventura, não contaria com a minha companhia de esposa, porque eu não queria aquilo para a minha vida. Disse também que se ele quisesse ir adiante com aquilo, teria que seguir sozinho. Ele achou graça e disse que eu devia estar louca! Falou que era casado com a profissão dele, o futebol, com a sua família e mais nada. E foi assim que ele recusou sua segunda proposta para atuar no cinema.

O filme *Quelé do Pajeú* foi finalizado no ano de 1969. O papel que Bellini recusou foi interpretado por Tarcísio Meira e a atriz Araçary de Oliveira acabou sendo substituída pela bela Rossana Ghessa, e o diretor Lima Barreto, por Anselmo Duarte. A produção brasileira foi um sucesso para os padrões da época e ganhou vários prêmios.

Em 1967, já com 37 anos de idade, Bellini recebeu dois convites para jogar em outros times. Um partiu do Cosmos de Nova Iorque, nos Estados Unidos (onde, alguns anos depois, Pelé encerraria sua carreira), e outro do Atlético Paranaense, de Curitiba.

Diante disso, ele foi conversar com o presidente do São Paulo, Laudo Natel (que havia terminado recentemente o seu mandato como governador do estado de São Paulo). Bellini, conversando francamente, contou que havia recebido os convites, e que este seria o seu último contrato antes de se aposentar como jogador.

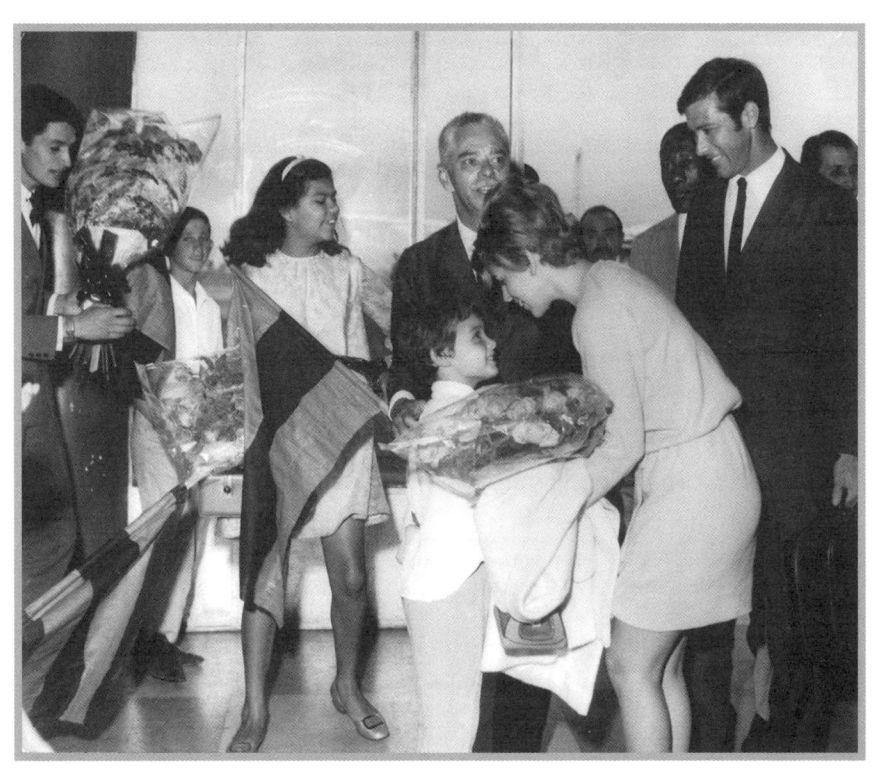

Chegada a Curitiba, em 1967, ainda no aeroporto. Bellini e eu recebemos as boas vindas do presidente do Clube Atlético Paranaense, Joffre Cabral.

O São Paulo, na figura do então presidente do clube, foi maravilhoso com ele. Não apenas o presidente, mas toda a diretoria tinha muita consideração e amizade pelo meu marido. A ligação entre os dirigentes do São Paulo e Bellini era tão estreita que o presidente do clube, Laudo Natel, e o diretor Manoel Raimundo Paes de Almeida, com suas respectivas esposas, foram padrinhos do nosso casamento. Julio Brizola e Homero Bilintani, que faziam parte da diretoria, também estavam entre os convidados presentes.

Quando Bellini foi vendido ao São Paulo pelo Vasco, o time paulista pagou um valor muito alto pelo seu passe, sabendo que, quando ele fosse para outro time, esse valor seria recuperado. Entretanto, em consideração ao Bellini, por sua contribuição de anos jogando pelo São Paulo e por sua história, o clube abriu mão de receber o valor do passe que seria pago pelo novo time. Com isso, o valor pago foi passado integralmente ao Bellini. Era um montante significativo na época, suficiente para termos a garantia de algum conforto após a sua aposentadoria.

Bellini disse que a decisão de onde iríamos morar seria toda minha e isso implicava, consequentemente, decidir em qual time ele iria jogar: no Cosmos de Nova Iorque ou no Atlético Paranaense, em Curitiba. Ele me perguntou para onde eu gostaria de ir. Como todos sabem, optei por Curitiba.

Fiquei com receio de mudar para os Estados Unidos com duas crianças pequenas, sem conhecer ninguém em Nova Iorque e sem falar inglês. Eu tinha aprendido apenas o inglês básico do ensino médio e, além disso, não queria ficar tão longe da minha família. Não pensei duas vezes, e fomos para Curitiba, onde moramos por dois anos.

Fomos imensamente felizes na capital paranaense, e fizemos grandes amizades, em especial, com a família Trevisan, na qual eu encontrei não apenas uma amiga, mas uma irmã: Zeneide Tosin Trevisan.

Bellini e eu nunca nos arrependemos de ter optado por Curitiba em vez de Nova Iorque. Ele adorou jogar no Atlético. Cerca de um ano depois de termos mudado para lá, o grande jogador Djalma Santos, amigo de Bellini desde que ele começou a jogar pela seleção, também foi para o Atlético Paranaense. Para mim, a chegada de Djalma era uma ótima

Aos 38 anos, em 1968, quando jogava em seu último time, o Atlético Paranaense.

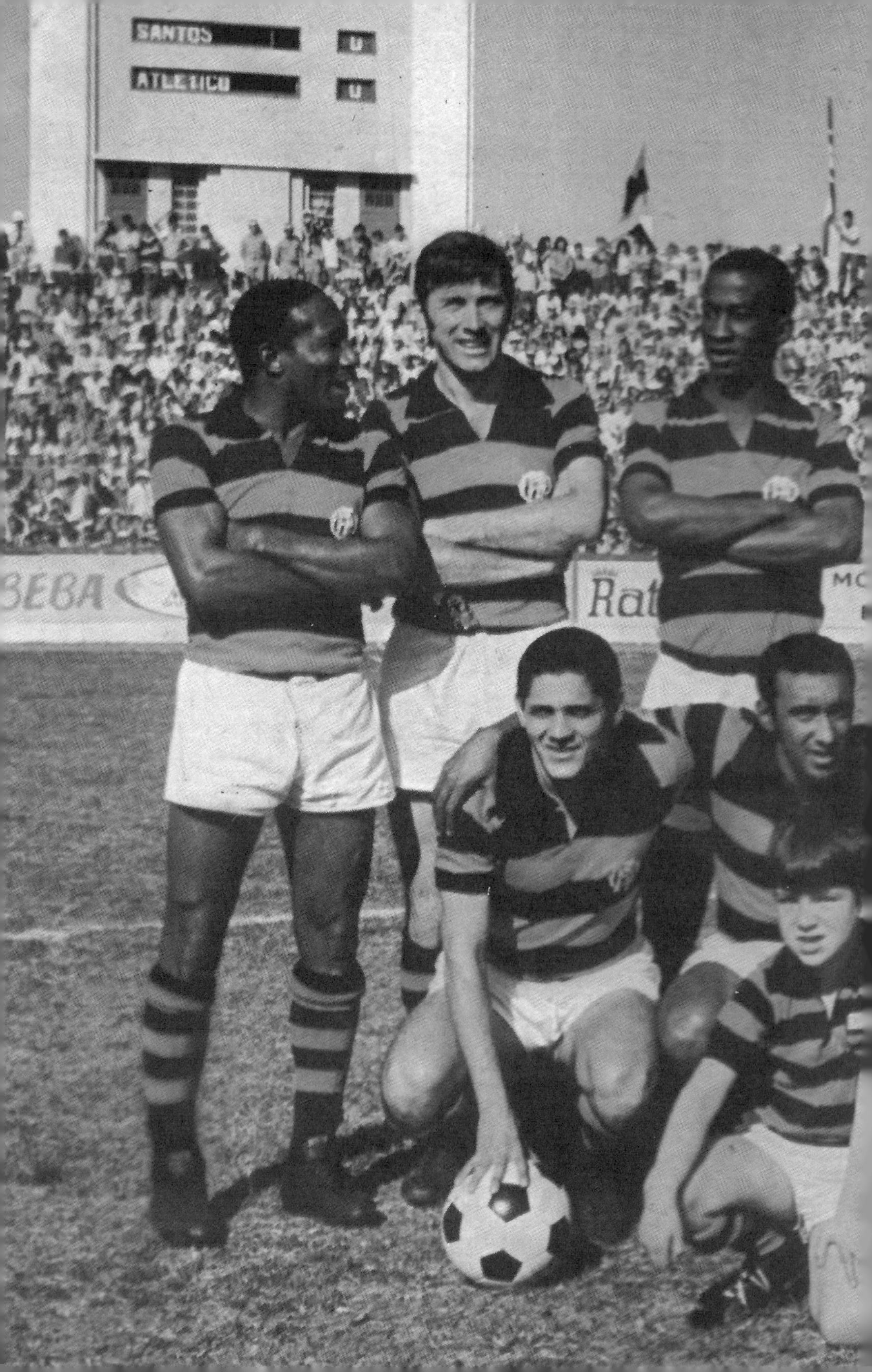
SANTOS
ATLETICO
BEBA

Uma das formações do Atlético Paranaense.
Em pé, da esquerda para a direita: Djalma Santos, Bellini, Charrão, Célio, Nair e Nilo.
Agachados, da esquerda para a direita: Gildo, Zé Roberto, Madureira, Paulista e Nilson.

DE SÃO PAULO A CURITIBA

Bellini concede entrevistas por ocasião do seu jogo de despedida do futebol, entre o Atlético Paranaense e o Curitiba, em 20 de julho de 1969.

Com o nosso filho, Júnior e o Djalma Santos, antes do jogo de despedida, em 20 de julho de 1969. O Júnior foi o mascote do Atlético Paranaense.

notícia, pois eu me dava muito bem com a sua esposa e foi melhor ainda para Bellini, que pôde jogar, até o final de sua carreira, ao lado de um grande e querido amigo.

O presidente do clube, Joffre Cabral, que esteve na nossa casa por umas duas vezes, morreu tragicamente em pleno jogo do Atlético, vítima de um infarto fulminante, enquanto assistia à partida.

Nesse dia, Bellini foi grande. A notícia chegou aos jogadores no intervalo do jogo e todos ficaram desolados. Então, ele falou aos jogadores: "Mais do nunca, nós temos que ganhar, pelo Joffre". Eles estavam perdendo de 1 × 0, mas conseguiram virar o jogo no segundo tempo e ganharam por 2 × 1.

Mesmo aos 37 anos de idade, meu marido continuava recebendo vários convites para ser "garoto propaganda" de diversos produtos e, eventualmente, acabava se envolvendo em uma campanha. A principal, durante o tempo em Curitiba, foi a de uma grande rede de lojas de roupas masculinas, estabelecida em todo o estado do Paraná.

Foto de campanha publicitária, em 1968, para uma rede de lojas de roupas em Curitiba. Trabalhos como modelo sempre fizeram parte da vida de Bellini.

Depois de dois anos jogando pelo Atlético Paranaense, Bellini marcou a sua despedida do futebol profissional. Era 20 de julho de 1969, o mesmo dia em que o astronauta americano Neil Armstrong se tornou o primeiro homem a pisar em solo lunar. Durante muitos anos, ele dizia que pretendia "pendurar as chuteiras" quando completasse 35 anos, mas sua atuação no São Paulo e, posteriormente, o vantajoso contrato com o Atlético, o fizeram prorrogar sua carreira por mais alguns anos, decisão da qual ele nunca se arrependeu.

Um jogo amistoso entre Atlético Paranaense e Curitiba foi realizado especialmente para a despedida de Bellini dos campos. Foi muito emocionante para ele, para mim e para todos os presentes, das duas torcidas. Nosso filho, Júnior — mascote do time desde que nos mudamos para Curitiba —, entrou em campo ao lado do pai, ambos com o uniforme do Atlético.

Quando o jogo acabou, com um diplomático resultado de 0 × 0, Bellini tirou a camisa do Atlético e, segurando-a na mão, deu uma volta completa no campo, saudando as duas torcidas e sendo aplaudido pela multidão. Tentando disfarçar os olhos marejados, ele arrancava lágrimas de muitos dos presentes.

Antes e depois do jogo, Bellini foi muito assediado pela imprensa esportiva, que estava cobrindo o histórico jogo de despedida do primeiro capitão campeão da seleção brasileira de futebol.

Djalma Santos, colega de seleção e grande amigo de Bellini, continuou jogando no Atlético Paranaense por mais três anos. Em 1972, ele também decidiu encerrar sua carreira como jogador profissional.

Bellini terminou sua carreira como jogador de futebol com um currículo invejável. Desde 1952, quando começou no Vasco, até "pendurar as chuteiras" no Atlético Paranaense, ele conquistou muitos títulos e, é claro, o principal deles como capitão da seleção brasileira na Copa do Mundo de 1958, na Suécia. A relação de títulos conquistados durante os 17 anos em que atuou como jogador profissional, inclui:

Pelo Vasco da Gama
- Campeonato Carioca: 1952, 1956
- Copa Rivadavia: 1953
- Torneio Internacional de Santiago: 1953
- Quadrangular Internacional do Rio de Janeiro: 1953
- Triangular Internacional do Chile: 1957
- Torneio Quadrangular de Lima: 1957
- Torneio de Paris: 1957
- Troféu Teresa Herrera: 1957
- Torneio Rio-São Paulo: 1958
- Super-Super Campeonato Carioca: 1958

Pela seleção brasileira
- Copa Roca: 1957, 1960
- Copa do Mundo da FIFA: 1958 e 1962
- Copa Oswaldo Cruz: 1958, 1961, 1962
- Taça Bernardo O'Higgins: 1959
- Copa Atlântica: 1960

> ...Bellini marcou a sua despedida do futebol profissional. Era 20 de julho de 1969, o mesmo dia em que o astronauta americano Neil Armstrong se tornou o primeiro homem a pisar em solo lunar.

8

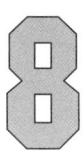

A VIDA DEPOIS DO FUTEBOL PROFISSIONAL

Logo que voltamos de Curitiba, meu pai, que havia comprado recentemente um supermercado na Av. Brigadeiro Luiz Antônio, em São Paulo, convidou Bellini para trabalhar com ele. Como não havia nenhuma outra atividade para fazer, o convite foi muito bem vindo.

Enquanto trabalhava com o meu pai, Bellini foi convidado pela Philips para organizar um torneio de futebol, destinado aos funcionários da empresa e das revendas Philips. A empresa holandesa tinha muitas fábricas, e ele organizou um torneio interno.

Um fato curioso que marcou uma certa fase de sua vida, alguns anos depois de ter se aposentado da carreira de jogador de futebol, foi um sonho recorrente que ele passou a ter, e que permaneceu por alguns anos.

Houve uma época em que Bellini tinha esse mesmo sonho quase diariamente. No sonho, ele dava um impulso para pular, para cabecear, mas não voltava para o chão, e seguia em direção ao céu. Eu achava muito estranho ele ter esse sonho. Não sei se isso acontecia em virtude dos treinos repetitivos que ele sempre fazia para ganhar mais altura nos saltos, tão presentes em toda a sua vida como jogador de futebol.

Quando ele acordava, de manhã, sempre dizia que havia sonhado novamente. Era constante. Quando não falava nada, eu perguntava e ele confirmava que havia sonhado. Uma vez, eu perguntei se o sonho era bom, e ele respondeu que não era nem bom, nem ruim, mas era estranho, pois ele não voltava para o chão. O sonho acabava com ele no ar.

Às vezes eu tinha vontade de procurar alguém, mas não sabia quem, que pudesse, cientificamente, interpretar esse sonho recorrente do Bellini. Mas depois eu acabava esquecendo e deixando a ideia de lado. No começo, eu ficava muito impressionada com a repetição daquele sonho. Até hoje não sei dizer exatamente o que fazia Bellini sonhar daquele jeito.

No início da década de 1970, nossos filhos já estavam em idade escolar. Carla, a mais velha, frequentava o Colégio Teresiano, que ficava no bairro em que moramos. Quando chegou a vez do Júnior, decidimos matriculá-lo no Colégio Rio Branco, ao lado de casa. Alguns anos depois, em 1977, eu comecei a trabalhar no Colégio Sion, que fica bem em frente ao nosso prédio. Na época, eu não quis que eles trocassem de escola, pois achava que não seria bom para eles o fato de estudarem no mesmo ambiente no qual eu trabalhava. Na época eu pensava assim, mas hoje acho que eu não faria o mesmo.

Aos 40 anos, com nossos filhos, Carla e Júnior, em 1970, no nosso apartamento, em São Paulo, no bairro de Higienópolis.

O Júnior e a Carla não tinham a total noção de quem realmente era o seu pai. Somente a partir do momento em que Bellini se aposentou é que os nossos filhos começaram a formar, aos poucos, uma imagem mais clara do pai e de sua importância. Eles dizem ter poucas lembranças dessa época. O Júnior só tem recordações mais claras de quando ele tinha 9 ou 10 anos. A Carla, por ser mais velha, tem recordações mais antigas e lembra um pouco melhor da época em que o pai ainda jogava no Atlético Paranaense.

Selo comemorativo da vitória da Seleção na Suécia, em 1958, lançado em 1970 por ocasião da Copa do Mundo do México.

Com o passar do tempo, sempre que o Júnior e a Carla saíam com o pai, acabavam presenciando a reação das pessoas que o reconheciam e vinham falar com ele. Eles ouviam os comentários entusiasmados das pessoas, dizendo que o pai era aquele jogador da seleção que havia levantado a taça e sido campeão mundial. Era tanta gente que parava para falar com o Bellini, que os nossos filhos começaram a perceber que o pai era alguém famoso, que era importante. Não havia como ser diferente, Bellini se tornou também o ídolo dos nossos filhos.

Ainda nos anos 1970, ele inaugurou uma escolinha de futebol que ficava no bairro do Brooklin. Foi a primeira escola particular de futebol do Brasil (mais uma vez, Bellini fez algo inédito!), fundada em sociedade com José Teixeira. Bellini era responsável pela parte técnica e o José Teixeira cuidava mais da retaguarda, da parte administrativa, do marketing etc. Mas os fundamentos, o preparo e a pedagogia para lidar com as crianças também eram da responsabilidade de Teixeira, que foi fazer um curso em Miami, nos Estados Unidos, para aprender como montar uma escola esportiva eficiente. Essa escolinha funcionou no mesmo local durante 5 anos.

Depois desse período, José Teixeira saiu da escolinha para se tornar o treinador de um grande time de futebol. Com isso, Bellini, procurando um outro espaço para continuar com a escolinha, acabou encontrando um lugar adequado, no bairro da Vila Olímpia. O terreno era

A VIDA DEPOIS DO FUTEBOL PROFISSIONAL

Com o governador do Paraná, Paulo Pimentel, e o prefeito de Londrina, durante o evento da primeira transmissão ao vivo, para o Brasil, da cerimônia de abertura da Copa do Mundo em 1970.

Primeira foto da escolinha de futebol, em 24/09/1974. Bellini entre os técnicos Feola e Otto Glória e os jogadores Djalma Santos e Bené — em pé, na frente do Bellini, nosso filho, Junior.

maravilhoso, pertencia ao filho de um empresário, e o rapaz explorava o lugar à noite, alugando as quadras para futebol *society*. Como de dia o espaço ficava ocioso, ele se associou ao Bellini para estabelecer ali a nova escolinha de futebol. No final, tornaram-se sócios.

A escola funcionou no mesmo local durante 18 anos, até que o proprietário, não resistindo à pressão do mercado, acabou vendendo o terreno para a construção de um empreendimento imobiliário. Depois disso, a escola mudou de local e ainda funcionou por mais alguns anos. Concomitantemente, Bellini foi trabalhar na escolinha do São Paulo Futebol Clube. Mas trabalhou lá apenas por dois anos.

A partir do início da escolinha, Bellini e Júnior passaram a ter um tipo diferente de relacionamento. O nosso filho, ainda garoto, começou a se interessar muito por futebol, mas de uma maneira diferente da do pai. Júnior era muito organizado com suas roupas, seus brinquedos, seu material escolar etc. Quando ele descia para jogar com as crianças na quadra de futebol do nosso prédio, ele ia todo uniformizado, impecável!

Quando Bellini via o filho todo arrumado para descer e jogar com ele, dizia: "troca essa roupa! Para que isso? Veste qualquer coisa e vamos jogar!". E o Júnior ficava triste, porque gostava de jogar uniformizado, com a camisa para dentro do calção e de meião esticado. Então, eu dizia para o Bellini: "Deixa o menino! Ele gosta de jogar desse jeito!". O pai achava uma bobagem o filho gostar de jogar daquele jeito porque, quando ele era criança, em Itapira, jogava com qualquer roupa e quase sempre com bolas de meia. Ele não tinha nada, mas jogava bola! Por essa razão, acabava sempre "pegando no pé" do menino. Quando, por exemplo, o Júnior parava para arrumar o meião que descia o tempo todo, Bellini reclamava muito e ralhava sério com o filho! Depois da "bronca" do pai, ele saía da quadra chorando e não queria mais saber de jogar.

Mas eu percebia que aquele tipo de atitude do Bellini vinha da educação severa que ele recebeu do pai, e ele aplicava, parcialmente, o mesmo conceito com as crianças, embora de maneira amenizada. Ele levava o futebol tão a sério que, quando jogava com o filho, acabava impondo essa seriedade, com sua voz nata de líder e de pai. Mas, apesar de tudo, Bellini gostava de ensinar os "macetes" do futebol ao filho, que adorava jogar e tinha o pai como seu grande ídolo.

Quando já estava um pouco mais crescido, Júnior fez um treinamento no São Paulo e, depois de adulto, jogou futebol nas empresas onde trabalhou e na faculdade. Até hoje ele joga com os amigos e gosta muito. Do mesmo modo, tem espírito de liderança, briga, fala, grita e não gosta de brincadeira em campo. Ele também leva o futebol a sério, pois nesse e em outros aspectos, é muito parecido com o pai. Quanto à educação da filha, Nina, ele também é firme: "O que pode, pode, o que não pode, não pode!" E ela entende perfeitamente, o que ele não entendia, com a mesma idade, pois saía de campo chorando!

Depois de trabalhar no supermercado do meu pai, dos anos dedicados à escolinha, de abrir uma doceria e de prestar serviços a grandes empresas, como a Philips, Bellini se tornou um funcionário público, contratado pela prefeitura de São Paulo, onde permaneceu por cerca de quinze anos, até completar 70 anos de idade. Ele trabalhava na escolinha de futebol do Centro Olímpico, localizada no Parque do Ibirapuera.

Em 2014, poucos meses após seu falecimento, Bellini recebeu uma homenagem no Centro Olímpico do Ibirapuera, mais especificamente no "Bosque da Fama". Na ocasião, eu plantei uma árvore, uma mangueira, que teve uma placa colocada ao seu lado, indicando o nome do homenageado, Bellini. Curiosamente, manga era sua fruta preferida. A árvore do Bellini está ao lado de outras árvores que também simbolizam homenagens a outras pessoas. A iniciativa da criação do "Bosque da Fama" partiu da ONG internacional Panathlon Clube de São Paulo.

No último ano de trabalho, ele foi transferido para uma escolinha de futebol da prefeitura localizada no bairro da Barra Funda, bem próximo da nossa casa. Ele adorava trabalhar nas escolinhas de futebol e ensinar as crianças a jogar. Aos 70 anos de idade, ele teve que parar, pois já estava doente havia três anos e os sintomas começavam a piorar.

Dos anos 1970 em diante, depois de se aposentar do futebol, Bellini passou a cultivar as amizades. Estreitamos a convivência com o Gilmar e a Raquel, com Nilton Santos e sua segunda esposa, Célia, e com o Orlando e a Marlene. Além deles, o Mauro Ramos, que sempre foi uma amizade da qual Bellini não abria mão. O Garrincha também teve seu lugar entre as amizades do Bellini, até o fim de sua vida. Contudo, mesmo com tantos amigos, o que ele gostava mesmo era da casa e da família. Era um homem muito "sossegado".

Desde que nos casamos, eu tinha uma preocupação em relação ao Bellini, pois quando ele, ainda jovem, saiu de Itapira para jogar no Sanjoanense, foi obrigado a abandonar o ensino médio. Na época, ele cursava a Escola de Comércio, da qual sairia como técnico contábil, mas, depois disso, ele nunca mais estudou.

Apesar da pouca instrução formal, ele era um autodidata. Aprendeu sozinho inglês, italiano e espanhol, lendo e ouvindo cursos gravados em fitas cassetes. Bellini tinha um ótimo ouvido para o italiano, pois o pai era italiano, a mãe era descendente; e em casa, ambos só falavam em italiano.

Então, nos anos 1980, bem depois de sua aposentaria do futebol, comecei a incentivá-lo a voltar a estudar. Com a minha insistência, ele decidiu fazer um curso supletivo e terminou o ensino médio. Em seguida, prestou vestibular e cursou direito nas Faculdades Integradas de Guarulhos. Ele gostava muito do curso e chegou a se formar, entretanto, nunca desejou exercer a profissão.

Pouco antes de Bellini retomar os seus estudos, eu havia concluído a minha faculdade. Cursei Letras na PUC de São Paulo. Para que eu pudesse ir à faculdade, ou mesmo estudar em casa, Bellini ficava com as crianças. Quando eu terminei o curso, foi a vez dele: eu tomava conta das crianças, enquanto ele estudava.

Desde meados da década de 1970 e até meados dos anos 1980, Bellini jogou em um pequeno time, predecessor da equipe máster do apresentador e comentarista esportivo Luciano do Valle. O Milionários Futebol Clube tinha como proposta reunir antigos craques e colocá-los para jogar no interior de São Paulo e estados próximos, como Minas Gerais, Paraná e Rio de Janeiro, em cidades mais ou menos próximas.

Mesmo com cerca de 50 anos de idade, Bellini ainda estava em ótima forma. E continuava, como sempre, jogando na zaga, posição mais tranquila para atuar. Ele era muito forte, cabeceava bem e sabia se posicionar em campo, o que poupava o fôlego e possibilitava boas apresentações.

Os jogos, realizados contra equipes locais, eram uma grande oportunidade para o público ver de perto os seus ídolos, jogadores famosos de

A VIDA DEPOIS DO FUTEBOL PROFISSIONAL

Acima: Em 1975, aos 45 anos de idade, com o amigo Garrincha, durante excursão do time Milionários.
Ao lado: Com o uniforme do time Milionários, em 1976.

Da esquerda para a direita: Djalma Santos, Bellini, Garrincha e Nilton Santos, quando jogavam juntos no Milionários.

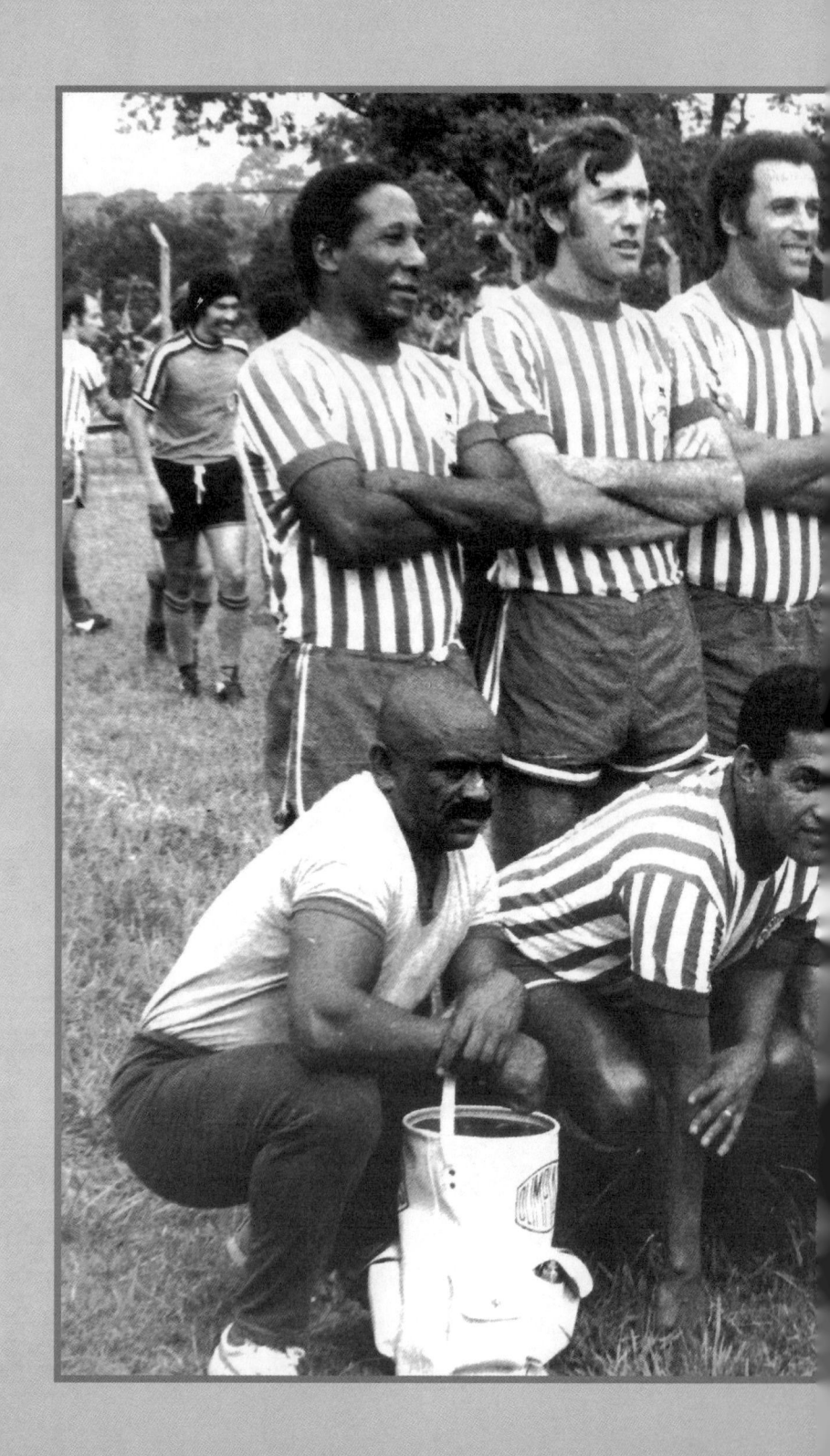

Uma das formações do time Milionários – Bellini, com seus amigos de seleção Djalma Santos e Garrincha, entre outros.

uma outra geração. O time, criado e dirigido, na época, por João Mendes Toledo, um ex-porteiro da TV Bandeirantes, proporcionava ao Bellini e a muitos de seus colegas, a possibilidade de jogar nos finais de semana, sem nenhum compromisso, se divertir e ainda ganhar algum dinheiro com isso, pois o público pagava para assistir às partidas.

O time teve várias formações e os jogadores se alternavam. Na época que Bellini jogava, também faziam parte do time: Garrincha, Aguinaldo, ex-goleiro do Corinthians, Ado, ex-goleiro da seleção, Djalma Santos, Gilmar, Flecha, que jogou no Inter de Porto Alegre, Lima, do Santos e, de uma fase mais recente, o Romeu Cambalhota, que também jogou no Corinthians. Bellini permaneceu jogando, enquanto entravam e saíam muitos jogadores, uns mais velhos, outros mais jovens.

O contato com os outros ex-jogadores acabou por estreitar laços de amizade e criar novos. Jogar novamente ao lado de velhos amigos da seleção, como Djalma Santos e Garrincha, era uma alegria para ele. Nessa época, Garrincha estava morando em São Paulo, com sua segunda esposa, a cantora Elza Soares. Eles também moravam em Higienópolis e, com isso, passamos a encontrá-los com mais frequência. Bellini manteve contato com Garrincha até seu falecimento, em 1983, com apenas 49 anos de idade.

Além do amor ao futebol, Bellini e Garrincha dividiam outra paixão: gostavam de criar passarinhos. Em nosso apartamento, a área de serviço era cheia de gaiolas com aves, que eram mantidas com todo o cuidado pelo meu marido. Garrincha certa vez o presenteou com um anu. Bellini adorava aquele pássaro preto e cuidava dele com muito carinho. Um dia, num rápido descuido, Bellini deixou a gaiola aberta por um instante e o pássaro tão querido voou e sumiu! Ele ficou desolado! Mas, para Garrincha, aquilo foi apenas mais um motivo para fazer piada com o amigo, provocando-o durante os encontros sociais ou nas viagens com o time Milionários.

Júnior jogou com o pai, no Milionários. Eles começaram a fazer essas viagens juntos por volta de 1980, quando o nosso filho tinha de 14 para 15 anos. Bellini já fazia parte do time havia algum tempo. Ele era um jogador... e como adorava jogar!

No início, Júnior só ia para passar mais tempo com o pai. Dizia que gostava do ambiente do futebol. Quando já estava com 17 ou 18 anos de idade, começou, eventualmente, a jogar no time. Mesmo sendo ainda muito jovem, seu porte físico já permitia "enfrentar" jogadores de verdade!

Os jogos eram realizados em cidades do interior, contra os times locais, compostos por jovens jogadores que, geralmente, disputavam campeonatos regionais, da segunda ou terceira divisão. Era quase sempre uma "festança", pois as partidas frequentemente eram realizadas nas datas de aniversário das cidades. Era uma ótima forma de criar um evento especial para comemorar o aniversário da cidade e fazer uma grande festa.

Como a maioria dos jogadores trabalhava em outras atividades, os jogos aconteciam sempre nos finais de semana. A organização fretava um ônibus e, depois que partiam para a viagem, mais pareciam crianças em uma excursão — era aquela bagunça!

Para o Júnior, do mesmo modo, também só era possível participar porque não atrapalhava os seus estudos. Quando jogava, ele entrava sempre faltando 15 ou 20 minutos e, mesmo assim, também ganhava o "bicho" — a participação na bilheteria do jogo, paga aos jogadores sempre após o término da partida. Ele jogou várias vezes e, para orgulho de seu pai, e dele próprio, chegou a fazer um gol, no estádio de Cascavel, no Paraná.

Essa experiência com o Milionários foi muito prazerosa para o nosso filho, pois ele pôde sentir um pouco do gostinho da vida de um jogador profissional e ainda passar um tempo inesquecível ao lado do pai. Apesar de ter nascido nos últimos anos da carreira profissional do Bellini, Júnior teve a grande felicidade de ver o pai jogando e ainda atuar com ele, também como jogador. Além disso, conheceu e atuou com outros jogadores famosos. Para ele, tenho certeza, foi um lindo sonho realizado com o pai, que sempre foi o seu maior ídolo.

No ano de 1977, Pelé, que jogava no Cosmos de Nova Iorque desde 1975, fez sua despedida dos gramados. Para marcar a data, foi realizado um amistoso no dia 1º de outubro, entre Cosmos e Santos, time que o Rei do Futebol defendeu por quase vinte anos. Pelé jogou o primeiro tempo com a camisa do Cosmos e o segundo com a camisa do Santos.

A VIDA DEPOIS DO FUTEBOL PROFISSIONAL

Na ocasião, Pelé fez questão da presença de alguns amigos e Bellini foi convidado. Fomos para os Estados Unidos pouco antes da data do jogo. O grande evento contou com a presença de Mauro Ramos, Carlos Alberto Torres, capitão do tricampeonato, Franz Beckenbauer, ex-capitão da seleção alemã campeã do mundo, do boxeador Muhammad Ali e do secretário de estado dos Estados Unidos, Henry Kissinger, entre muitas outras personalidades.

Bellini e os outros ex-jogadores entraram no centro do gramado, antes do início do jogo, para acompanhar o amigo Pelé durante o seu discurso de despedida e de agradecimento. Depois, nos sentamos na tribuna de honra e pudemos assistir àquele jogo histórico, que marcou a despedida do Rei do Futebol. Naquele momento, imaginamos como teria sido se tivéssemos escolhido o Cosmos de Nova Iorque, tempos atrás. Ainda assim, continuamos acreditando que optar por ficar no Brasil, em vez de mudarmos para os Estados Unidos, foi o mais acertado a fazer, na época. Além da viagem para Nova Iorque, participar daquele momento histórico foi uma experiência marcante em nossas vidas, da qual Bellini nunca se esqueceu.

Em Gotemburgo, Suécia, em 1982. Bellini foi convidado para a premiação do campeonato mundial estudantil.

Outro evento marcante para Bellini aconteceu em 1982, quando ele foi convidado para entregar a premiação do Gothia Cup, o maior torneio de futebol estudantil do mundo que, atualmente, conta com a participação de mais de 1.600 times de 80 países. O campeonato acontece anualmente na Suécia, desde 1975. Nosso filho, Júnior, alguns anos depois, participou desse campeonato, defendendo a equipe do Colégio Mackenzie, de São Paulo.

Naquele ano, a final do campeonato aconteceu na cidade de Gotemburgo, local onde tivemos uma agradável surpresa. Fomos convidados para ir a uma casa de campo, que ficava próxima da cidade. Lá havia uma cadeira que tinha a assinatura do Bellini, feita na época da Copa do Mundo de 1958. Nem mesmo Bellini se lembrava de ter feito aquela assinatura, mas constatou ser realmente dele. Depois de 24 anos, Bellini encontrou o autógrafo que concedeu no lugar mais inusitado, uma cadeira! Infelizmente, seu fã já não vivia mais e quem conservava a peça era seu neto mais velho.

Por muitos anos, incluindo o tempo passado no Milionários, Bellini e seus colegas ainda eram homenageados pelas participações e vitórias conquistadas nas Copas do Mundo. O reconhecimento vinha por meio de matérias de jornais e revistas, além de documentários, programas de TV e eventos públicos, como no caso da reinauguração do Estádio do Maracanã, em 2000.

A reinauguração do estádio coincidia com a comemoração dos 50 anos do Maracanã, inaugurado em 1950 para a Copa do Mundo que seria realizada, pela primeira vez, no Brasil. Além da grande reforma, foi criada a "Calçada da Fama", uma área reservada para homenagear grandes futebolistas mundiais, onde ficaram gravadas as marcas dos pés de cinquenta jogadores que atuaram no estádio, naqueles cinquenta anos. Bellini praticamente construiu sua vida esportiva no Vasco e o Maracanã, por muitos anos, fez parte da sua história, do mesmo modo que o Estádio do Morumbi, "casa" do São Paulo Futebol Clube.

Em 2002, Bellini recebeu mais uma grande homenagem, desta vez na Espanha, em Astúrias. A premiação foi feita pela rainha Sofia e o então príncipe Felipe das Astúrias, atual rei da Espanha. Na ocasião, o

A VIDA DEPOIS DO FUTEBOL PROFISSIONAL

Mauro Ramos, Bellini e Gilmar. Três dos maiores jogadores brasileiros de todos os tempos e uma amizade que durou por toda a vida. Foto de um evento de final de ano, em 1998.

No início dos anos 1980, em um evento com o então presidente da FIFA, João Havelange.

À esquerda: Bellini com a réplica da Taça Jules Rimet, que acabara de chegar da Europa, para ficar nos cofres da CBF.
À direita: Em 1986, com a réplica da taça Jules Rimet, que ficou no lugar da original, que havia sido roubada e derretida três anos antes.

Com o amigo Orlando e sua esposa Marlene, em junho de 2000, no evento realizado para a gravação dos pés na Calçada da Fama do Maracanã.

Último trabalho como garoto propaganda, numa campanha publicitária dos Correios, em 1998.

Bellini com 67 anos, em 19 de outubro de 1997, com Mauro Ramos (terceiro da esquerda para a direita) e um grupo de amigos no encontro anual, em São João da Boa Vista-SP.

Premiação realizada em 2000, pela Federação Paulista de Futebol, para os melhores jogadores de todos os tempos. Bellini ao lado de craques como Rivelino, Gilmar, Pepe, Ademir da Guia, entre outros.

Bellini e eu cumprimentando o então Príncipe de Astúrias, Felipe, na entrega do Prêmio Príncipe de Astúrias. Espanha, 2002.

Foto oficial do Prêmio Príncipe de Astúrias, em 2002. Representando o Brasil, da esquerda para a direita: Dunga, Bellini, Carlos Alberto, Zagalo, Carlos Alberto Parreira e Ricardo Teixeira. À frente, a então rainha Sofia, à sua esquerda o então príncipe Felipe e o cineasta americano Woody Allen. À direita da rainha, o dramaturgo norte-americano, Arthur Miller.

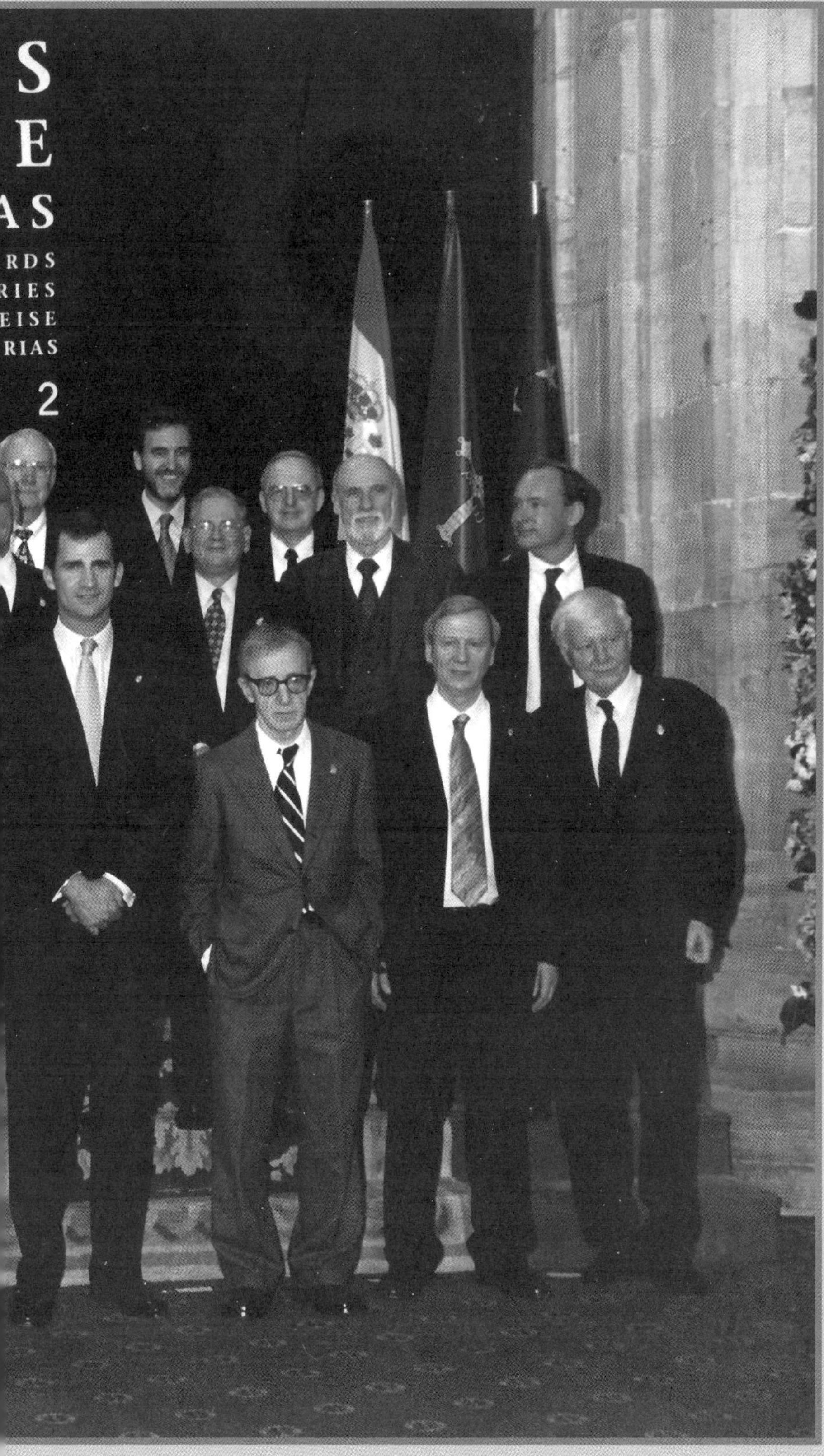
S
E
AS
RDS
RIES
EISE
RIAS
2

Brasil foi homenageado por ter o "melhor futebol do mundo", e Ricardo Teixeira, presidente da CBF na época, convidou os capitães das cinco seleções brasileiras que venceram a Copa do Mundo da FIFA. O evento aconteceu em outubro de 2002, poucos meses após o Brasil se tornar pentacampeão mundial de futebol. Foi um evento de grande importância na vida do Bellini, que já apresentava muitos sintomas do Alzheimer, mas apesar disso, ele ainda estava relativamente bem.

Em razão de suas condições, foi necessário todo um arranjo para que ele fosse o último e não o primeiro capitão brasileiro a entrar no palco na cerimônia. Isso porque ele deveria subir ao palco, reverenciar a rainha, depois o príncipe e, por último, se dirigir a uma cadeira destinada a ele, onde deveria permanecer sentado e aguardar. Não sabíamos se ele conseguiria fazer isso da maneira esperada, pois ele poderia se sentir confuso diante das muitas cadeiras dispostas no local.

Mesmo sem termos informado sobre a sua doença, considerando seu estado como decorrente de problemas normais que surgem com a idade (ele estava com 72 anos), a organização do evento inverteu a ordem de entrada. Desse modo, o capitão da primeira vitória foi o último a subir ao palco na cerimônia de premiação. Com isso, Bellini encontrou apenas uma cadeira vazia, ao lado de seus colegas. Mesmo assim, eu fiquei muito apreensiva, pois o risco de algo dar errado era grande. Graças a Deus, tudo correu bem e foi uma cerimônia linda. Apesar da tensão, deu tudo certo!

Quatro anos depois, Bellini foi convidado para outra homenagem prestada à seleção brasileira, que ocorreu durante a festa de abertura da Copa do Mundo da Alemanha, em 2006. Muitos dos jogadores brasileiros, campeões do mundo, de 1958, 1962, 1970, 1994 e 2002, participaram da cerimônia de abertura da Copa, que aconteceu na cidade alemã de Munique. Foi uma experiência maravilhosa!

Durante a nossa estadia em Munique, ocorreu um fato inesperado e que me deixou realmente emocionada. Certo dia, depois do almoço, eu e o Bellini decidimos ir passear no centro da cidade e quando estávamos saindo, nos deparamos com uma fila de pessoas do lado de fora do hotel. Ao passarmos, Bellini foi logo reconhecido. Eram fãs, que estavam aguardando ali, com fotos dele prontas para serem autografadas. E muitas daquelas imagens eu sequer conhecia. Então, com a confusão que se formou, o gerente do hotel apareceu e nos levou a um lugar mais apropriado, para que o Bellini pudesse atender àquelas pessoas. Ele ficou o resto da tarde dando autógrafos.

No dia seguinte, o fato se repetiu. Novamente uma fila de fãs aguardava para conseguir um autógrafo do Bellini. Mas como eu queria conhecer o lugar, o que não fora possível no dia anterior, precisávamos encontrar um meio de sair sem que ele fosse notado. Então, solicitamos o auxílio do gerente do hotel, que prontamente nos encaminhou para uma outra porta. E acabou fazendo mais do que isso: colocou à nossa disposição um segurança que nos acompanhou, por garantia, até uma certa distância do hotel para que pudéssemos chegar com segurança ao centro.

Eu fiquei bastante emocionada em saber que Bellini, mesmo depois de tantos anos longe do futebol, ainda tinha tantos fãs fora do Brasil. Isso era incrível, até mesmo porque esse tipo de assédio não acontecia mais por aqui. Bellini costumava receber uma ou duas cartas por semana, de várias cidades da Alemanha, com fotos para serem autografadas. Isso acontecia havia muitos anos e as correspondências sempre traziam uma carta, uma foto e outro envelope já preenchido e selado, para que enviássemos a foto autografada de volta. Depois, bastava ir ao correio para postar. Esse tipo de carta que chegava do exterior, com pedido de autógrafos, não vinha somente da Alemanha. Muitas chegavam, principalmente, da República Tcheca, da Romênia, e de outros países do Leste Europeu. As cartas só pararam de chegar depois de seu falecimento.

Na época em que estivemos na Alemanha, em 2006, ele ainda recebia muitas dessas cartas. Até o ano de 2011, Bellini continuou autografando normalmente todas as fotos que chegavam, entretanto, em 2012, sua assinatura começou a ficar estranha, diferente da que ele sempre fez. Quando percebi que ele não conseguiria continuar autografando por muito tempo, peguei muitas fotos e dei para ele assinar de uma só vez. Ele gostava de pegar a caneta e "rabiscar". Isso era uma verdadeira terapia para ele. Com essas fotos autografadas guardadas, foi possível continuar atendendo muitos fãs que, semanalmente, enviavam cartas pedindo autógrafos. Eu tinha até um modelo de carta, em inglês, dizendo que ele já não assinava mais, mas que havia deixado muitas fotografias autografadas, para atender aos fãs. Eu sempre devolvia as fotos que chegavam, juntamente com uma autografada. Esporadicamente, quando eu recebia uma foto que eu não conhecia ou não tinha, eu ficava com a foto e enviava uma outra, autografada.

Dois anos depois da abertura da Copa da Mundo da Alemanha, em junho de 2008, Bellini participou também de uma homenagem realizada em Brasília, para comemorar os 50 anos da vitória brasileira na Suécia, evento que contou com a presença dos jogadores campeões do mundo de 1958. Na ocasião, os jogadores foram recebidos pelo então presidente Luís Inácio Lula da Silva.

Quando recebemos o convite para esse evento, eu expliquei que, pelo estado de saúde do Bellini, não seria possível participarmos. As comemorações aconteceriam no decorrer de uma semana, com vários compromissos. Seria muito difícil para o meu marido.

Depois da minha recusa, recebi o telefonema de um assessor do presidente Lula, perguntando se o Bellini realmente não poderia ir, nem que fosse uma passada "rápida" na cerimônia de comemoração da vitória da seleção em 1958. A insistência se devia a um pedido do próprio presidente da República. No final, fomos para Brasília, em um dia e voltamos no outro, para poupar ao máximo o Bellini.

Apenas participamos do encontro com o presidente Lula e do almoço em um salão do Itamarati.

Ainda em 2008, em outubro, Bellini teve suas mãos gravadas para serem eternizadas na "Calçada da Fama de Ipanema", no Rio de Janeiro. A iniciativa partiu de Carlos Alberto Afonso, da tradicional livraria "Toca do Vinícius" e demandou um esforço extra, pois já não era mais possível para o meu marido se locomover até o Rio de Janeiro. Então, a gravação das mãos aconteceu no nosso apartamento, em São Paulo.

No dia da gravação, questionei Carlos Alberto sobre a razão de ele querer eternizar as mãos do Bellini e não os pés, como foi feito na Calçada da Fama do estádio do Maracanã. Ele, então, me explicou que o interesse nas mãos se dava pelo fato de elas terem protagonizado a memorável imagem de Bellini levantando a taça Jules Rimet, em 1958 — um marco histórico para o futebol brasileiro e para o esporte mundial.

Os pés do Bellini também estão marcados na "Calçada da Fama" do Estádio da Ressaca, em Florianópolis, Santa Catarina, por iniciativa do clube catarinense Avaí. Os cinco capitães que foram campeões do mundo com a seleção brasileira tiveram seus pés gravados naquele estádio.

Para fechar o ano de 2008 e as comemorações dos 50 anos da vitória brasileira na Copa da Suécia, em dezembro, Bellini e seus colegas de 1958 receberam uma grande homenagem, durante a premiação dos melhores jogadores daquele ano. Os melhores jogadores do Brasileirão de 2008 foram premiados na noite de 08 de dezembro. Naquela mesma noite a CBF prestou uma homenagem aos campeões de 1958, concedendo a Comenda João Havelange, entregue pelo próprio João Havelange, então presidente de honra da FIFA. Além do Bellini, estavam presentes os ex-jogadores Orlando, Zito, Djalma Santos, Dino, Moacir, Pepe, Pelé e Zagallo. Também foram homenageados os campeões Nilton Santos, Gilmar, De Sordi e Mazzola, que não puderam comparecer ao evento. Houve, também, a homenagem póstuma aos jogadores Mauro Ramos de Oliveira, Castilho, Zózimo, Garrincha, Didi, Joel, Oreco, Dida e Vavá.

A última grande homenagem que Bellini recebeu, já póstuma, foi a inauguração de uma estátua na entrada da nossa cidade natal, Itapira. O monumento mostra Bellini com o uniforme da seleção brasileira, levantando a taça Jules Rimet — gesto que imortalizou o meu marido e marcou para sempre a primeira conquista brasileira do título mundial.

A VIDA DEPOIS DO FUTEBOL PROFISSIONAL

Em 2008, revendo a taça Jules Rimet, 50 anos depois da conquista do primeiro título mundial.

Homenagem ao campeões brasileiros na reinauguração do Maracanã, em 2013. A imagem no fundo é a da estátua do Bellini.

Da esquerda para a direita: Gilmar, Pepe e sua esposa Lélia, Raquel, esposa do Gilmar, eu e Bellini. Evento da Federação Paulista de Futebol, que premiou os melhores jogadores de todos os tempos, em 2000.

Em seu escritório no Estádio do Pacaembu, em São Paulo. Ele administrou o estádio por mais de dois anos.

A VIDA DEPOIS DO FUTEBOL PROFISSIONAL

Com o então presidente Lula, no evento de comemoração dos 50 anos da vitória brasilera na Suécia. Brasília, 2008.

Comemoração dos 50 anos da vitoria brasileira em 1958. Foi o reencontro dos campeões.

Os três primeiros capitães campeões do mundo: Bellini, Mauro Ramos e Carlos Alberto.

Bellini em anúncio de televisão, por ocasião da Copa do Mundo de 1982.

A VIDA DEPOIS DO FUTEBOL PROFISSIONAL

Em 2005, com o ex-presidente Fernando Henrique Cardoso e Dona Ruth Cardoso, em uma pizzaria no bairro de Higienópolis, onde residimos.

Com o também capitão campeão do mundo, o alemão Franz Beckenbauer, na Alemanha, em 2006

Painel na entrada de Itapira em 2011. Homenagem ao filho pródigo da cidade.

Estátua do Bellini, em Itapira, inaugurada em 7 de junho de 2014, no dia em que ele faria 84 anos.

> ...ele inaugurou uma escolinha de futebol no bairro do Brooklin. Foi a primeira escola particular de futebol do Brasil (mais uma vez, Bellini fez algo inédito!)

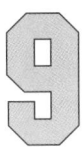

A DOENÇA E OS ÚLTIMOS ANOS

Em 1997, aos 67 anos de idade, Bellini estava muito bem de saúde. Continuava forte, disposto e bem-humorado, trabalhava, dirigia e conversava bastante, ou seja, o Bellini de sempre. Entretanto, foi nesse ano que surgiu o primeiro indício de que havia algo errado.

Ele foi convidado para fazer uma campanha publicitária dos Correios com o Bebeto, campeão mundial em 1994, nos Estados Unidos. Juntos eles incentivariam a torcida brasileira para a Copa do Mundo de 1998, na França.

Bellini, que desde a década de 1950 fazia trabalhos como modelo, tinha grande experiência com campanhas publicitárias, mas, desta vez, decorar um texto simples, de apenas três linhas, foi impossível. Nem eu nem ele compreendíamos o que estava acontecendo. O diretor do comercial, quando soube da dificuldade que o "garoto propaganda" estava enfrentando, resolveu o problema colocando um cartaz bem grande com o texto que ele teria que falar no comercial para a TV. Naquele momento, o problema fora resolvido.

Cerca de um ano depois do episódio da campanha dos Correios, comecei a notar algo estranho acontecendo com o Bellini, principalmente quando ele ia ao supermercado, para me auxiliar. Em muitas vezes, ele se esquecia completamente de alguns itens que eu pedia para comprar. Mas, ainda assim, não era nada que me deixasse muito preocupada.

Um dia, ele apareceu com dois cartões de crédito, novos. Eu questionei sobre o porquê daqueles cartões e ele me disse que haviam sido ofertados pelo gerente e ele decidiu aceitar. Bellini nunca gostou de usar cartões de crédito e essa atitude era totalmente incompatível com o que ele acreditava e fazia, mas ele contou que havia concordado em ficar com os cartões por pelo menos um ano e que assim seria. De qualquer forma, mesmo achando muito estranho, eu concordei.

Pouco tempo depois, um outro fato, dessa vez realmente grave, mudou tudo.

Nós tínhamos uma conta bancária conjunta, destinada especialmente às despesas da casa. Um dia, ao retirar um extrato da conta, constatei que havia uma série de saques efetuados, de valores altos, todos realizados em poucas semanas. Não havia nada que justificasse aquelas retiradas, feitas em caixas eletrônicos. Quando o questionei sobre os saques, ele prontamente afirmou que não os havia feito e que, certamente, tinham sido feitos por mim! Convicta de que nenhum de nós havia feito aquelas retiradas, fomos ao banco.

Chegando lá, falei com o gerente, na frente dele, mostrando o extrato e afirmando que nenhum de nós havia feito aqueles saques. O gerente, constrangido, afirmou que Bellini fora à agência várias vezes nas últimas semanas e que realmente tinha feito algumas retiradas. Ele praticamente não reagiu às afirmações do gerente. Naquele momento, fiquei perdida; foi uma sensação horrível de que algo muito errado estava acontecendo. O gerente que, acredito, já tenha presenciado esse tipo de ocorrência anteriormente, me aconselhou a procurar o dinheiro na nossa casa, alegando, um pouco embaraçado, que era visível que Bellini não estivesse se lembrando do que havia feito.

Quando voltamos, mesmo desconfiada, eu comecei a procurar o dinheiro por toda a casa e, para minha surpresa, fui encontrá-lo em bolsos de calças, em gavetas, dentro de livros, no meio de cartas e outras correspondências, ou seja, o dinheiro estava espalhado pelo apartamento, de maneira totalmente aleatória. Eu não encontrei o valor total do montante sacado, mas foi bem próximo, e confirmou a teoria do gerente do banco. Eu me assustei muito com aquilo.

Diante do ocorrido, decidi levá-lo ao primeiro neurologista, na certeza de que havia algo errado com o meu marido. Apesar de tudo, ele estava bem, e continuava a fazer tudo como sempre fez, normalmente. Isso me deixava um pouco mais tranquila sobre qualquer problema que ele pudesse ter. Nessa época, Bellini era funcionário da prefeitura de São Paulo e trabalhava na escolinha de futebol, no bairro da Barra Funda, próximo de casa. Até pouco tempo, ele tinha trabalhado no Centro Olímpico da prefeitura, no Ibirapuera.

Finalmente, fomos ao neurologista. No início da consulta, eu disse ao médico que o motivo de estarmos lá eram os frequentes esquecimentos do Bellini, e que, excluindo esse fato, ele estava ótimo. Eu não sabia o que ele tinha, nem quais exames seriam necessários para descobrir qual era o problema.

Depois de me ouvir, o neurologista fez uma série de perguntas, cerca de dez a doze questões, e para todas elas a minha resposta fora negativa. Com base nisso, ele me informou que só poderia concluir o diagnóstico clinicamente, ou seja, não haveria exames laboratoriais ou de imagem que pudessem comprovar o diagnóstico feito por exclusão de outros fatores e doenças. Ele foi firme e objetivo: Bellini apresentava sintomas do Mal de Alzheimer.

Eu simplesmente não acreditei no que tinha acabado de ouvir. Olhei para o meu marido e não podia acreditar! Bellini, na mesma hora, também protestou.

O médico então pediu, de maneira bem serena, que eu aguardasse alguns minutos, e poderia ver que ele não se lembraria do diagnóstico de Alzheimer. Fiquei bastante alterada, mas o médico, pacientemente, conversou comigo. Bellini, apesar de participar da conversa, escutava mais do que falava. O médico não mencionou mais o nome da doença e, depois de uns dez minutos, Bellini se esqueceu totalmente de que havia recebido o diagnóstico; apenas perguntou ao neurologista se ele estava com algum problema. O médico, então, respondeu que ele estava com um comprometimento de memória e que seria tratado.

Naquela consulta, o neurologista receitou alguns medicamentos que seriam a base do tratamento. Entretanto, depois de ler as bulas dos remédios, eu fiquei desconfiada da sua eficiência e resolvi procurar um outro médico, Dr. Cláudio Kathalian, que tratou do Bellini por mais de dez anos. Geriatra e cardiologista, ele receitou vários medicamentos e acompanhou bem de perto o tratamento. Apesar de não ser neurologista, o Dr. Cláudio estava acostumado a tratar pacientes portadores do Mal de Alzheimer.

O Dr. Cláudio cuidou do Bellini por muitos anos, até o momento em que a medicação não apresentava mais os efeitos desejados. Estava ficando cada vez mais difícil tratá-lo em casa. Então, por indicação do nosso amigo, o ex-jogador e também campeão do mundo em 1958, Dino Sani, conhecemos o sr. Antonio José Bittar que nos levou ao Dr. Ricardo Nitrini, um renomado neurologista do Hospital das Clínicas de São Paulo, que estava desenvolvendo um importante estudo sobre o Alzheimer. A partir daí, o Dr. Nitrini e sua equipe assumiram o caso do Bellini e conduziram o tratamento nos seus últimos quatro anos de vida.

Com o passar do tempo, o quadro dele foi piorando cada vez mais. Os esquecimentos e a mudança de comportamento ficavam cada vez mais evidentes. Ele foi falando cada vez menos, até que parou completamente. Não conseguia articular uma palavra. De qualquer forma, ainda interagia com o olhar e expressões faciais. A alimentação também ficava cada vez mais comprometida. Ele passou a ter problemas para engolir e o perigo de uma bronco-aspiração estava cada vez mais presente.

Nos últimos anos, continuávamos a cuidar dele em casa e, perto de um ano antes de seu falecimento, os problemas aumentaram. Primeiro, ele sofreu uma queda e fraturou a clavícula. A fratura deveria ser corrigida de forma cirúrgica, mas o estado debilitado no qual ele se encontrava contraindicava o procedimento. Dessa forma, não foi feita nenhuma intervenção maior, a não ser a administração de analgésicos.

Aos poucos, as internações ficaram mais frequentes. Ele passava alguns dias na UTI, e depois voltava para casa. Assim foram os dois últimos anos. A piora do seu quadro foi se acentuando, até ocorrer um episódio de bronco-aspiração que fez com que ele permanecesse dois meses no hospital. Os médicos disseram que ele não tinha mais condições de se alimentar e que seria necessária a colocação de uma sonda, inserida diretamente no estômago, para que fosse possível fornecer-lhe alimento, denominada gastrostomia.

Depois de realizado o procedimento, uma das médicas do hospital me explicou que seria muito mais seguro se ele voltasse para casa — apesar do seu estado de saúde delicado —, porque o risco de infecção seria menor. Eu entrei em pânico só de imaginar como seria tê-lo em casa naquele estado. Como eu poderia cuidar dele? A médica, então, me disse que teríamos que contar com o auxílio de uma pequena equipe de profissionais, com enfermeiras, nutricionista, fisioterapeuta etc.

Enquanto Bellini estava internado, o Dr. Nitrini me procurou para conversarmos sobre ele. Foi um longo diálogo, mais de duas horas, em que ele me contou sobre os estudos que estava fazendo, juntamente com outros médicos, sobre os profissionais que, no exercício de suas atividades, levavam muitas "pancadas" na cabeça. Muitos deles apresentavam, de maneira mais ou menos precoce, sintomas bem parecidos com os do Mal de Alzheimer, e sempre começavam com perda de memória. Essa doença, denominada Encefalopatia Traumática Crônica (ETC), conhecida como "Síndrome do Pugilista", atinge especialmente os praticantes de esportes violentos, como o boxe ou o futebol americano. Entretanto, o neurologista levantou a possibilidade de que a doença do Bellini não fosse Alzheimer, mas sim a "síndrome do pugilista". Não haveria uma resposta conclusiva a respeito, a não ser que eu aceitasse doar o cérebro do meu marido para as pesquisas, depois do seu falecimento.

Eu me assustei muito de início. Era uma decisão difícil e eu não poderia tomá-la sozinha. O Dr. Nitrini, me deixando à vontade, concordou que o melhor a fazer seria conversar com os meus filhos, antes de tomar qualquer decisão. Aos poucos, a ideia foi amadurecendo, e procurei saber mais sobre os benefícios que os resultados desse estudo poderiam trazer. A decisão foi ficando cada vez mais clara.

Precisávamos saber como seria feito o estudo, qual seria o procedimento após o falecimento dele e todas as informações que pudessem ser relevantes para que eu e meus filhos pudéssemos tomar a decisão mais

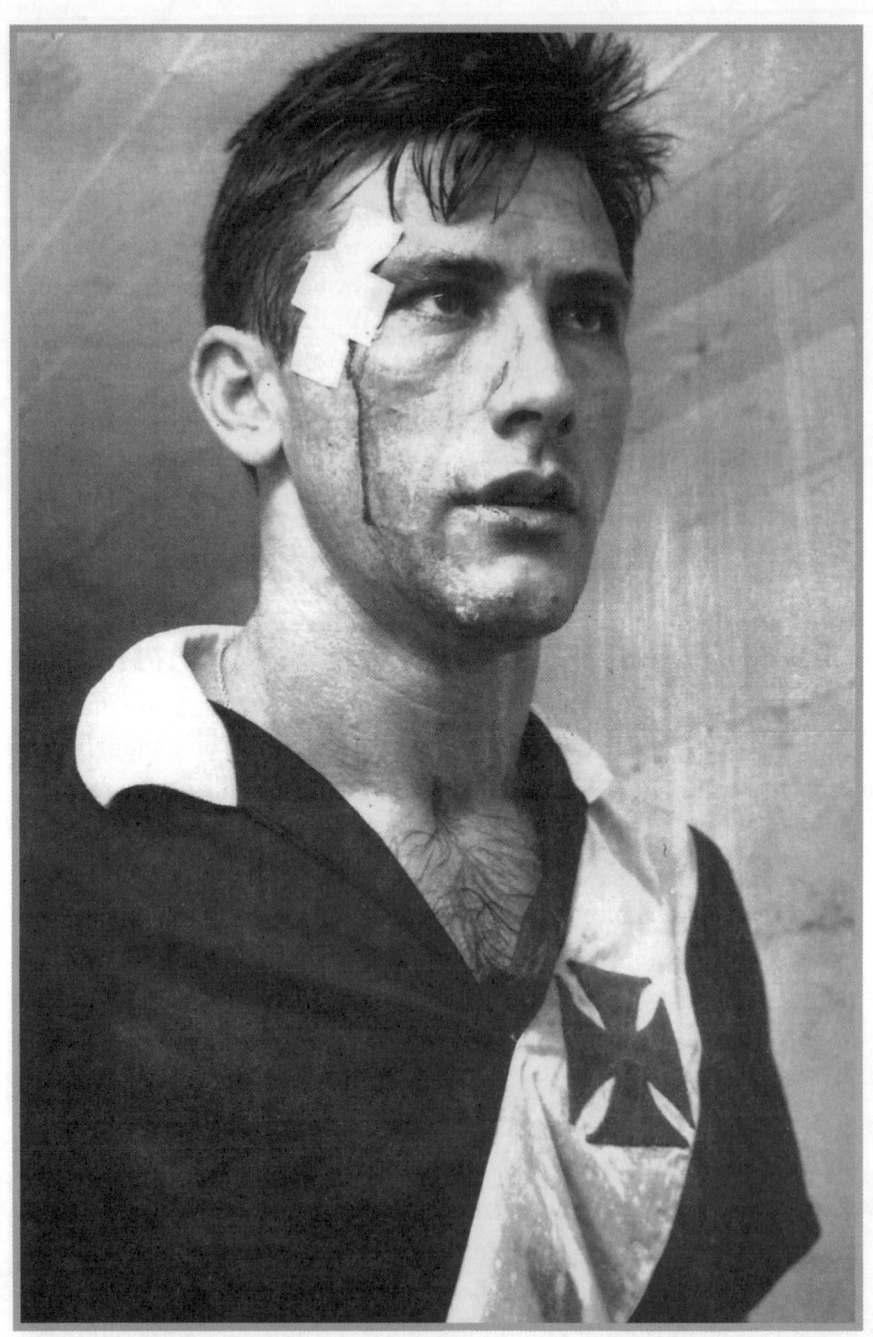

Após um jogo do Vasco da Gama, com um grave ferimento, depois de se chocar com outro jogador, em uma cabeceada dividida.

O ENIGMA DO CAPITÃO BELLINI

Pesquisadores estudam o cérebro do homem que ergueu a Jules Rimet para determinar a doença que o matou. A suspeita: ele não sofria de Alzheimer, e sim de um distúrbio neurológico associado aos esportes mais violentos

NATALIA CUMINALE

A memória do zagueiro Hideraldo Luís Bellini — um dos fundadores da nacionalidade brasileira, com o gesto de erguer a Jules Rimet acima da cabeça, na Copa de 1958 — começou a falhar em 1998, quando ele estava com 68 anos, durante a gravação de um comercial para a televisão. Bellini não conseguiu decorar um texto de míseras quatro linhas. "A partir daí, passei a prestar atenção e percebi que ele esquecia tarefas simples do cotidiano", conta Giselda, mulher do jogador. "Se pedia que fizesse uma compra pequena no mercado, de cinco itens, por exemplo, ele voltava sem pelo menos dois produtos." O diagnóstico médico, por exclusão, foi Alzheimer.

Nos dezesseis anos seguintes, a doença levou embora datas, nomes, rostos e lembranças. Completamente alienado do mundo e de si próprio, o elegante Bellini morreu aos 83 anos, em 20 de março último, de falência respiratória.

Neurologista do zagueiro desde 2008, o pesquisador Ricardo Nitrini desconfia, no entanto, de que seu paciente possa ter sido vítima de um distúrbio de sintomas muito semelhantes aos do Alzheimer, a encefalopatia traumática crônica. Mais comum entre jogadores de futebol americano e hóquei, lutadores de boxe e de MMA, a doença está associada a concussões frequentes na cabeça.

Como a diferenciação entre a encefalopatia e o Alzheimer só pode ser feita por meio da análise anatomopatológica, a família doou o cérebro de Bellini ao banco de encéfalos humanos, da Universidade de São Paulo, um dos maiores do mundo, do qual Nitrini é um dos diretores. Hoje, fatias e fragmentos da massa encefálica do jogador estão guardados em lâminas de microscópio e freezers a 80 graus negativos, entre outros 3 000 cérebros. A causa da morte do capitão da seleção de 1958, que fez história também no Vasco e no São Paulo, deve ser definida até junho.

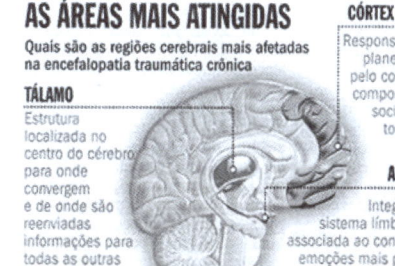

AS ÁREAS MAIS ATINGIDAS

Quais são as regiões cerebrais mais afetadas na encefalopatia traumática crônica

TÁLAMO
Estrutura localizada no centro do cérebro para onde convergem e de onde são reenviadas informações para todas as outras regiões cerebrais

CÓRTEX FRONTAL
Responsável pelo planejamento, pelo controle do comportamento social e pela tomada de decisão

AMÍGDALA
Integrante do sistema límbico, está associada ao controle das emoções mais primárias

A DOENÇA
Ocorre o acúmulo de uma proteína (tau) nessas regiões. Ela se deposita e forma emaranhados de fibras que sufocam, atrofiam e matam as células cerebrais

Fonte: Renato Anghinah, neurologista do Hospital das Clínicas de São Paulo

MARCAS DAS ADAS AÉREAS
o era raro o ante Bellini sair ampo com a eça sangrando, ltado do ontrão com ersários (foto, em 1961)

Primeira matéria da revista VEJA, em 2014, que levantava a hipótese de que Bellini sofria da Síndrome do Pugilista.

adequada e correta. Para isso, foi necessário ter mais uma tarde de conversa com o neurologista.

Depois que ele voltou, a nossa casa se tornou uma clínica movimentada. Eram médicos, enfermeiras e fisioterapeutas que entravam e saíam, várias vezes por dia. Esses cuidados clínicos por 24 horas eram vitais para que ele pudesse continuar a sua batalha pela vida. Uma batalha que ele, infelizmente, não teria como vencer. Muitas vezes ocorriam emergências, para as quais eu acionava uma equipe médica do nosso convênio, que nos atendia com impressionante rapidez, a qualquer horário do dia ou da noite.

Na madrugada de 18 de março de 2014, uma segunda-feira, a enfermeira me chamou para dizer que Bellini havia piorado bastante e que ela já havia chamado a ambulância. Muito debilitado, ele foi internado no Hospital Nove de Julho, em São Paulo, para onde sempre o levávamos, ficando aos cuidados do Dr. Custódio Michailowsky Ribeiro.

Carla, Júnior e eu íamos vê-lo todos os dias, nos horários permitidos, e na quinta-feira, ao chegarmos, estranhei o grande número de repórteres de plantão na frente do hospital. Eu não tinha condições de falar com ninguém. Os funcionários do hospital, muito prestativos, me conduziram para outra entrada, para que eu não precisasse passar pelos jornalistas. Entrei pelos fundos, no local exclusivo para ambulâncias. Naquele momento, logo pensei que o Bellini tivesse morrido. Toda aquela movimentação me deixou apavorada. Como eles poderiam saber de alguma coisa? Eu havia deixado a orientação expressa para que não fosse divulgado nenhum boletim médico. Esse pensamento me tranquilizou um pouco.

Quando chegamos à UTI, por volta das 15 horas do dia 20 de março de 2014, vimos que todos os indicadores vitais do Bellini estavam muito alterados, muito ruins. Nós ficamos assustados e conversamos com o médico, que confirmou a gravidade do estado do meu marido, dizendo que ele estava no final e quase havia falecido entre 10 e 11 horas da manhã daquele mesmo dia.

Nós ficamos junto ao Bellini até quase terminar o horário de visita. Quando íamos sair, dois ou três médicos entraram e percebemos que algo de errado estava acontecendo. Olhamos para o monitor que mostrava os sinais vitais e vimos que todos os números estavam caindo, rapidamente. Pressão arterial, pulso, oxigenação, tudo diminuía. Eu perguntei a um dos médicos o que estava acontecendo, e ele me disse, pesaroso, que Bellini estava partindo... Foi terrível ouvir aquilo, mesmo sabendo que poderia acontecer a qualquer momento.

Depois de algum tempo, reuni forças e fui para casa, buscar as roupas com as quais ele seria velado. Enquanto isso, o Júnior e a Carla permaneceram no hospital.

Quando eu telefonei para dar a notícia a um amigo nosso, jornalista, logo depois de sair do hospital, ele me disse que toda a imprensa já sabia. O falecimento havia sido publicado no site da *Folha de S.Paulo* e de outros jornais e que, àquela altura, já estavam se preparando para publicar na próxima edição impressa.

Poucas horas depois, recebi um telefonema da assessoria da presidência do São Paulo Futebol Clube. O presidente do clube queria saber se eu permitiria que o Bellini fosse velado no São Paulo, no Estádio do Morumbi.

Apesar de Bellini ter feito seu nome no Vasco, e de sua verdadeira adoração pelo clube carioca, ele tinha um carinho especial pela torcida do São Paulo, que sempre o acolheu e prestigiou de uma maneira maravilhosa, além disso, havia um enorme respeito e amizade pelos diretores do clube. Ele nunca se esqueceu do reconhecimento que recebeu da diretoria do São Paulo, quando eles o presentearam com o seu passe, como agradecimento pelos serviços prestados ao clube ao longo de vários anos. E, agora, tantos anos depois, o São Paulo e sua diretoria queriam prestigiá-lo mais uma vez. Aquele pedido era uma honra, e mais uma prova de reconhecimento por parte do clube, e eu não poderia deixar de aceitar.

Após o falecimento, o corpo de Bellini foi levado para o Hospital das Clínicas, onde a equipe do Dr. Ricardo Nitrini o aguardava para realizar o procedimento da retirada do cérebro. Logo em seguida, o corpo foi levado para o estádio do São Paulo, no Morumbi, onde foi velado até o dia seguinte.

O velório não pôde ser muito extenso, durou aproximadamente umas seis horas, pois precisávamos seguir para Itapira, onde ele seria sepultado. Na manhã seguinte, fomos para o interior. É uma viagem que leva, normalmente, cerca de 2 horas, são 170 quilômetros de São Paulo, mas, nesse dia, demoramos 5 horas, em razão do trânsito ruim, causado pela chuva e por obras na estrada. O corpo do Bellini deveria ter chegado a Itapira às 5 horas da tarde, mas acabou chegando às 8 horas da noite.

Em nossa terra natal, o velório aconteceu no Ginásio Itapirão, aberto ao público, e durou apenas duas horas naquela noite, sendo reiniciado às 8 horas da manhã seguinte e seguindo até às 11, hora do sepultamento.

Muita gente compareceu à despedida do capitão de 1958, um ídolo, especialmente para os cidadãos de Itapira. Sobre o caixão, estavam as bandeiras do clube Vasco da Gama, do São Paulo Futebol Clube e do Brasil. Antes de o caixão ser levado para o cemitério, as bandeiras foram dobradas pelos policiais militares e entregues a mim. Em seguida, o caixão foi coberto com a bandeira da cidade de Itapira, que também foi dobrada e entregue a mim antes do sepultamento, num ritual comovente.

Bellini foi enterrado como um herói. Levado em um carro de bombeiros até o cemitério, foi aplaudido pela multidão por onde passou. Centenas de coroas e arranjos de flores foram enviados para adornar o local do seu descanso final.

Aproveito esta oportunidade para agradecer a todas as pessoas, amigos e fãs do meu marido que prestaram essa homenagem. Eu guardo comigo as faixas que acompanhavam as *corbeilles*, identificando cada família ou empresa. Esse gesto nunca será esquecido.

No momento do enterro, ele recebeu as honrarias prestadas pela Polícia Militar, com todo o ritual para o sepultamento de heróis, militares e autoridades. Por um lado, tudo aquilo transformava o sepultamento em uma experiência muito mais triste para nós, da família, mas, por outro, era uma prova do grande reconhecimento e carinho recebido por Bellini de todo o povo de sua cidade natal.

Passados alguns meses, em agosto de 2014, o Dr. Ricardo Nitrini me procurou para informar sobre os primeiros resultados dos exames realizados no cérebro do Bellini. Até aquele momento, ainda havia dúvida se a doença responsável pela sua debilitação e morte teria sido o Alzheimer ou a pouco conhecida "Síndrome do Pugilista" (Encefalopatia

Traumática Crônica – ETC), em virtude do grande número de pancadas sofridas por Bellini ao longo de sua carreira como jogador. Ao final da explicação, o neurologista concluiu o diagnóstico da *causa mortis* do meu marido: Encefalopatia Traumática Crônica, em seu grau máximo (4 numa escala de 0 a 4), ainda que tenham sido encontradas também evidências do Alzheimer, porém em um grau menor (3 a 4 numa escala de 0 a 6). Ou seja, a causa da morte foi realmente a ETC, que simulou os sintomas do Alzheimer.

Apesar de fazer sentido, ainda é cedo para se afirmar que Bellini tenha desenvolvido esta doença em decorrência do futebol. Não há no mundo uma base de dados significativa de casos avaliados que permita, nos dias atuais, garantir essa relação de causa e efeito.

Isso dependerá do estudo do cérebro de outros esportistas que tenham apresentado os mesmos sintomas. Bellini foi o primeiro jogador de futebol brasileiro e um dos primeiros do mundo a ser estudado, mas sem que esse estudo prossiga, os médicos não conseguirão chegar a resultados conclusivos.

Para mim, a despeito da curiosidade científica, a verdadeira causa da morte do meu marido não é tão importante assim. O fato é que ele se foi e deixou um grande vazio na minha vida. Desde o início, quando nos conhecemos e ele ficou sabendo da nossa diferença de idade, Bellini se preocupava com isso, pois tinha consciência de que um dia partiria e me deixaria sozinha por alguns anos. Ele já partiu e aqui estou, contando a história da vida dele e da nossa vida juntos.

Hideraldo Luiz Bellini foi o homem mais generoso e bondoso que eu conheci. Um marido sem igual. Um pai amoroso e um ser humano da melhor qualidade. Ele não veio a este mundo para passar despercebido. Era lindo, e foi um dos melhores jogadores de futebol da história da seleção brasileira e de todas as Copas do Mundo. Foi o primeiro brasileiro a erguer a taça de campeão mundial de futebol, com um gesto que ficou eternizado e que se tornou maior que ele próprio. E não sou a única a dizer tudo isso sobre ele. A imprensa, desde a década de 1950 até os dias de hoje, não se cansa de relembrar os seus feitos. Bellini foi um grande líder, e isso foi apenas um dos fatores que o levou a ser o primeiro capitão campeão mundial pela seleção brasileira. Seu nome permanecerá gravado, para sempre, na história do futebol. Assim como em nossas vidas.

Para mim, para os meus filhos e minha neta — que um dia vai compreender melhor quem era o "vovô" —, o orgulho e a felicidade de termos sido a sua família só não é maior do que a saudade que Bellini deixou em nossos corações...

―

Homenagem póstuma a Bellini no muro do Aeroporto de Congonhas, em São Paulo.

Foto de sua última campanha publicitária, para os Correios, em 1998, alguns meses antes do início da Copa do Mundo da França.

"
...o neurologista levantou a possibilidade de que a doença do Bellini não fosse Alzheimer, mas sim a 'Síndrome do Pugilista'
"

Fontes de Referência

www.campeoesdofutebol.com.br

www.camposdojordaocultura.com.br

www.copadomundo.uol.com.br

www.esportes.terra.com.br

www.futpedia.globo.com

www.globoesporte.com.br

www.jogosdaselecaobrasileira.wordpress.com/1958

www.veja.abril.com.br

Revista Brasileiros — edição de julho de 2008 — matéria de Ruy Castro

Revista do Esporte — edições diversas

Revista Manchete Esportiva — edições diversas

Revista Placar — edições diversas

Revista Super Interessante — julho 2002

IMPRESSÃO E ACABAMENTO
YANGRAF
GRÁFICA E EDITORA LTDA.
WWW.YANGRAF.COM.BR
(11) 2095-7722